DEBUT D'UNE SERIE DE DOCUMENTS
EN COULEUR

LA

SOCIÉTÉ MUTUELLE

DE PRÉVOYANCE

POUR LA RETRAITE

SON BUT

SON MÉCANISME & SON HISTOIRE

Par CH. RICHARD

Mémoire couronné par la Société Industrielle de Reims
(Concours de 1876)

Médaille d'or décernée à la Société

REIMS

IMPRIMERIE DE L'INDÉPENDANT REMOIS
1877

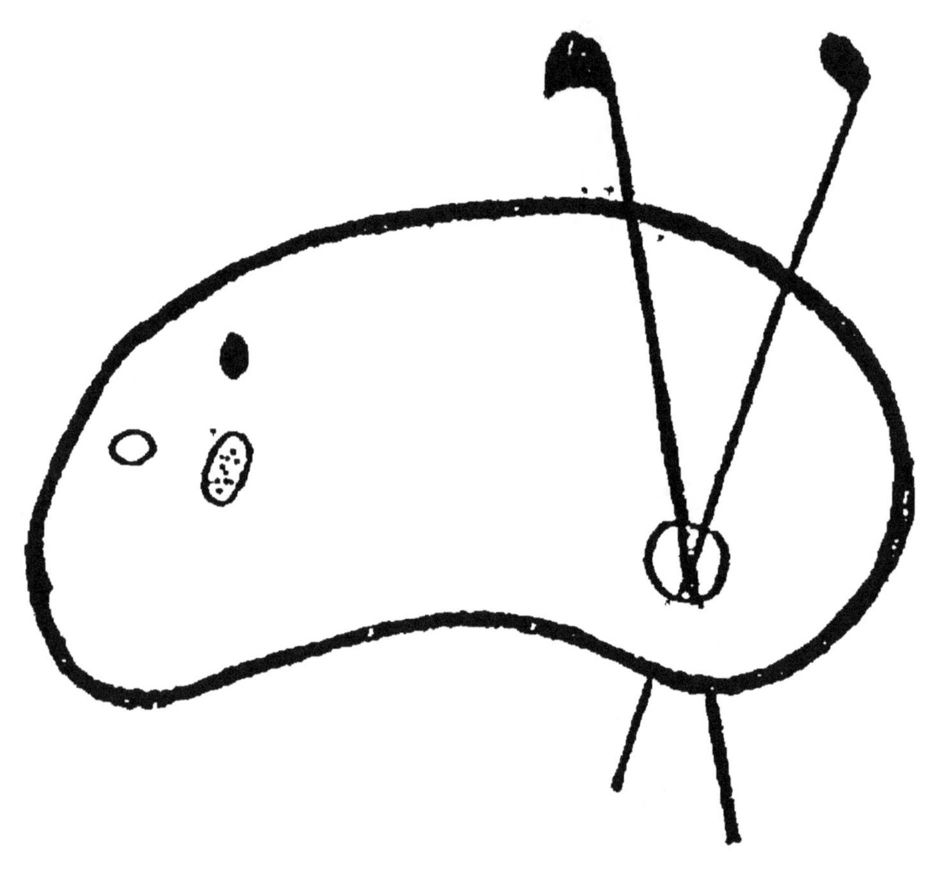

FIN D'UNE SERIE DE DOCUMENTS
EN COULEUR

LA
SOCIÉTÉ MUTUELLE
DE PRÉVOYANCE
POUR LA RETRAITE

SON BUT
SON MÉCANISME & SON HISTOIRE

Par CH. RICHARD

Mémoire couronné par la Société Industrielle de Reims

(Concours de 1876)

Médaille d'or décernée à la Société

REIMS

IMPRIMERIE DE L'INDÉPENDANT RÉMOIS
1877

AVANT-PROPOS

Nous aurions désiré pouvoir donner ici en préface le rapport présenté par le secrétaire du Comité d'économie sociale et d'enseignement à la Société industrielle sur le *Mémoire* de M. Richard; mais ce rapport ayant été oral, nous ne pouvons dès lors, à notre regret, en faire la reproduction.

Nous rappellerons donc seulement ce qu'ont dit au sujet de ce travail et de notre Société, le président et le conseil de la Société industrielle.

SOCIÉTÉ INDUSTRIELLE DE REIMS
SÉANCE DU VENDREDI 11 AOUT 1876

La huitième question a été l'objet de deux mémoires très-intéressants et très-bien étudiés : l'un relatif à la Société l'*Union Foncière* ; l'autre relatif à la *Société de Prévoyance pour la Retraite*. Le Comité d'Economie sociale et d'Enseignement, chargé d'examiner ces mémoires, a conclu à ce que chacun d'eux reçoive la médaille d'or attribuée à l'institution la plus méritante. — Dans cette occurrence, le Conseil, adoptant l'avis du Comité, décide que les deux Sociétés recevront chacune une médaille d'or.

ASSEMBLÉE GÉNÉRALE DU LUNDI 16 OCTOBRE

Extrait du rapport de M. J. MARTIN-RAGOT, président, sur les questions mises au concours pour l'année 1876

La 8ᵉ question propose une Médaille d'or « pour un établis-
» sement ou une institution, soit d'instruction publique, soit
» d'économie, soit de crédit, de nature à aider d'une manière
» efficace à l'amélioration morale et matérielle des ouvriers
» de la Ville de Reims. »

Deux Mémoires nous ont été adressés ; tous deux bien faits,
intéressants, et qui devront faire connaître, apprécier et vul-
gariser deux institutions qui, par les services qu'elles rendent
déjà et qu'elles sont appelées à rendre dans l'avenir, méritent
l'appui de la Société Industrielle et la distinction que vous
avez bien voulu leur accorder.

. . . .

Le second Mémoire portait l'épigraphe :

« *La prévoyance est la qualité essentielle à inspirer à*
» *l'homme qui vit de son travail.* »
Ce Mémoire est consacré à l'étude de la « *Société Mutuelle*
» *de Prévoyance pour la Retraite.* »

Nous nous trouvons là en présence d'une Société qui vous
est bien connue, et dont les excellents résultats ne sont
contestés par personne.
Fondée, en 1849, par M. Lesage, au milieu de difficultés
dont cet homme de bien sut triompher à force d'énergie, de
patience et de foi dans l'utilité de son œuvre, la *Société
Mutuelle de Prévoyance pour la Retraite* comptait en 1875
1,202 Membres titulaires, possédait un capital de 568,409 fr.,
et versait pour cette année 16,842 fr. 50 de rente à 51 rentiers. Certes, une pareille somme économisée sou à sou,

représente déjà un effort considérable de volonté et d'esprit d'épargne et de prévoyance ; cependant, on peut, avec l'auteur du Mémoire, regretter qu'il ne soit pas encore plus grand.

Je n'ai pu entrer ici dans tous les détails de l'admirable organisation de cette Société, mais sa disposition essentielle vous est familière, Messieurs ; moyennant l'économie d'un sou par jour, à partir de l'âge de vingt ans, le Sociétaire s'assure 1 franc de rente par jour à partir de l'âge de 60 ans. Et si l'homme et la femme, car ils peuvent être Sociétaires tous deux, se soumettent à la même épargne, ils peuvent à l'âge de 60 ans, alors que dans la plupart des cas ils travaillent encore, s'assurer une rente qui les met à l'abri du besoin et leur permet de passer tranquillement les dernières années de leur existence, surtout s'ils ont pu, en même temps, Sociétaires de l'*Union foncière*, devenir propriétaires d'une maison qu'ils ont la ressource de sous-louer en partie quand les enfants devenus grands ont quitté le foyer paternel.

Le Mémoire très-étendu, au milieu d'informations très-précises sur la marche de la Société, consacre des pages émues à la mémoire de son digne fondateur, M. Lesage ; nous avons été satisfaits de trouver là ce témoignage de sympathie auquel nous nous associons pleinement, car il est bon, il est juste de payer cette dette de reconnaissance à un homme dévoué qui, apôtre d'une idée aussi féconde en excellents résultats, lui a sacrifié son existence et ses intérêts, et a doté notre ville d'une institution bienfaisante et moralisatrice trop peu connue au dehors, et qui n'est encore pas assez appréciée par tous ceux qui devraient en profiter.

Votre Conseil d'Administration n'a pas hésité à décerner une seconde Médaille d'or à la *Société Mutuelle de Prévoyance pour la Retraite*. Cette Médaille sera remise à M. Guillon, son Président. Nous remettrons aussi une Médaille de bronze à M. Richard, l'auteur du Mémoire intéressant, qui fait de la Société un historique très-complet, et donne, sous forme d'annexe, des renseignements statistiques, des tables de mortalité et des documents qui complètent son travail, et sont utiles à consulter.

La Société Industrielle a décidé l'insertion des deux Mémoires dans son bulletin, et heureuse de récompenser ces œuvres philanthropiques, elle forme des vœux sincères pour leur développement, et elle fait appel à la bonne volonté de tous pour les soutenir et pour aider à la formation de toutes celles qui pourraient encore s'organiser pour atteindre, par tous les moyens possibles, ce but que nous ne devons pas perdre de vue, l'amélioration morale et matérielle du plus grand nombre, sans lesquelles nous chercherions en vain la rénovation de notre pays et la paix sociale.

SOCIÉTÉ MUTUELLE

DE PRÉVOYANCE

POUR LA RETRAITE

Son But, son Mécanisme & son Histoire

I

De toutes les qualités qui placent l'homme en tête des êtres animés, celle, a dit un écrivain (1), qui assure le mieux sa prééminence, celle qui dénote le plus certainement sa haute origine, c'est la Prévoyance, noble attribut que seul entre toutes les créatures, il partage avec le Créateur. On remarque, en effet, ajoute-t-il, chez quelques animaux, chez l'abeille, chez la fourmi, par exemple, des actes qu'on peut, jusqu'à un certain point, assimiler à la prévoyance ; mais ce sont des faits purement instinctifs, communs, sans exception, à toute l'espèce, dans lesquels la volonté propre des individus n'entre pour rien et qui se reproduisent à jamais sous la même forme et dans les mêmes limites.

La prévoyance de l'homme est de toute autre nature : acte réfléchi d'une volonté libre et intelligente, elle se diversifie à l'infini, suivant le caractère et la position des personnes, elle s'applique à toutes les circonstances de la vie, et, n'étant bornée ni par le temps ni par l'espace, elle embrasse dans ses vastes combinaisons, non-seulement les

____

(1) Agathon Prévost. — Caisses d'Epargne.

besoins d'un individu, mais ceux de tout un peuple ; non-seulement les intérêts du présent, mais ceux de plusieurs générations à venir. C'est par elle que l'espèce humaine perpétue son empire sur la nature ; c'est elle qui fait la supériorité de l'homme sur l'homme ; car c'est en proportion de la prévoyance que le succès en tout s'obtient et se consolide.

Il n'entre pas dans ma pensée, vous le comprendrez, Messieurs, d'aborder ces considérations générales ; j'y serais d'ailleurs impuissant. Me renfermant dans les conditions du Concours, je me propose uniquement de faire ressortir par l'examen d'une institution locale : la *Société Mutuelle de Prévoyance pour la Retraite*, les effets et les avantages de la prévoyance dans une seule de ses applications, et combien, si elle était par eux mieux comprise, cette excellente institution pourrait, pour me servir des termes mêmes du programme, aider d'une manière efficace à l'amélioration morale et matérielle des ouvriers de notre ville.

Grâce à elle, en effet, disons-le de suite, tout ouvrier, s'il veut seulement faire la bien faible économie de *un sou* par jour sur le produit de son travail, peut mettre ses vieux jours à l'abri du besoin et préparer de ses propres mains son avenir.

Il semblerait, n'est-il pas vrai, Messieurs, que la Société de *Prévoyance pour la Retraite,* doit dès lors compter le nombre des adhérents par celui des travailleurs, et qu'en présence d'un tel bienfait, sa bannière doit couvrir de ses larges plis toute la grande famille ouvrière rémoise ; mais il est loin d'en être ainsi ; et sur ce point pourtant si grave, si important : *la vieillesse assurée contre la misère,* il faut le dire, quelque pénible à faire qu'en soit l'aveu, l'inertie de nos concitoyens ouvriers est jusqu'ici restée à peu près invaincue. Le mot du fabuliste : *L'homme est de glace aux vérités,* n'a pas cessé d'être vrai.

Il y a quelques années, un écrivain rémois, cherchant à démontrer les bons effets, les heureux résultats qui doivent ressortir pour les classes laborieuses de cette œuvre si émi-

nemment philanthropique, disait : « En étudiant les règles
qui régissent cette Société, on se sent tout d'abord saisi d'un
sentiment de reconnaissance et d'admiration pour les hommes dévoués qui en ont pris l'initiative. Cette impression
fait bientôt place à un autre ordre d'idées, en parcourant le
compte-rendu que publie cette Société ; en examinant les
chiffres qu'il contient, on est tout étonné, tout attristé de
voir dans une cité industrielle aussi importante que Reims,
aussi peu d'adhérents, relativement, à une œuvre qui devrait
rencontrer partout, non-seulement la sympathie, l'empressement, mais même l'enthousiasme. — Nous voyons en effet,
que l'association comptait au **31 Décembre 1869**, 1100 sociétaires titulaires, dont 531 hommes et 569 femmes ; or,
qu'est-ce que 1100 personnes sur une population ouvrière
aussi nombreuse que celle de notre ville ? C'est 10,000,
15,000 sociétaires que nous voudrions voir groupés autour
de cette idée (1) ».

Oui, Reims ayant la bonne fortune de posséder une telle
institution, la liste de ses adhérents devrait former, je le
répète, le recensement de tous ceux qui dans notre vieille
cité si industrieuse, demandent au travail leurs moyens
d'existence, et Reims devrait être relativement cité pour
ses *Prévoyants*, comme Rochdale l'est si justement pour ses
Équitables Pionniers. Dans son espèce et proportion gardée,
la Société rémoise de *Prévoyance pour la Retraite* devrait
constituer le pendant, la contre-partie de la grande association anglaise.

II

En entreprenant ce travail, je me suis donc proposé,
Messieurs, un double but :

1° Essayer de vous démontrer que l'œuvre rémoise de
Prévoyance pour la Retraite réunit les conditions indiquées
par le programme de la Société Industrielle.

2° Chercher, dans la mesure de mes forces, par la vulga-

(1) *Courrier de la Champagne* — 8 mars 1870.

risation de cette si louable institution, à étendre son influence bienfaisante, et à éveiller l'esprit de prévoyance parmi les travailleurs.

Réussirai-je, Messieurs, en ces deux points de ma tâche ? Le succès répondra-t-il à mes efforts, ou, au contraire, ceux-ci seront-ils, en tout ou en partie, payés d'un échec ? Comme dit Hamlet dans son fameux monologue : *That is the question*.

Quoi qu'il en puisse être, et si sur le premier point, lequel est remis à votre décision, je suis attendu par la défaite, si je ne réussis pas, Messieurs, à vous pénétrer de ma conviction, ainsi que disait La Fontaine au Dauphin :

« J'aurai du moins l'honneur de l'avoir entrepris. »

Quand au second point, puissé-je n'être pas, nouveau saint Jean, le *vox clamantis in deserto* : La voix qui prêche dans le désert.

III

Un devoir s'impose tout d'abord à moi ; je regrette, Messieurs, que de son accomplissement en doive résulter une souffrance pour votre modestie ; mais la vérité a ses exigences, et je lui dois de constater l'intelligence profonde et l'esprit philanthropique dont fait preuve la Société Industrielle en portant son attention sur cette question des institutions propres à élever le niveau moral des travailleurs rémois et à augmenter leur bien-être.

Au développement de ces institutions, en effet, se lient intimement des intérêts graves et nombreux, et c'est de leur progrès que découlent notamment ceux de l'industrie. Quelque fantaisiste, quelque paradoxale que cette affirmation puisse paraître aux esprits superficiels, elle n'en est pas moins l'expression d'une vérité absolue.

Oui, à la question supérieure d'humanité, de fraternité, s'ajoute ici celles des progrès industriels, dont je n'ai pas, à Reims, à démontrer l'importance comprise de tous. Qu'on le sache bien, ces deux questions, quelque distinctes et étrangères même qu'elles puissent sembler, à les juger seulement par la surface, sont connexes, ou pour mieux dire, ce sont les deux faces d'une même question. Vous l'avez compris, Messieurs, et cela est à votre honneur. Ce fait, je le répète, porte témoignage de votre intelligence et de votre cœur, et ce témoignage, je suis heureux, Messieurs, d'avoir à l'enregistrer ici.

Ce devoir rempli, j'entre dans mon sujet.

IV

Je n'ai point à vous faire connaître, Messieurs, la base sur laquelle s'établissent les Sociétés de la nature de celle dont je vais avoir l'honneur de vous entretenir. Cette base, vous le savez, est l'application du calcul des probabilités à la durée de la vie humaine.

Les registres des naissances et des morts donnent les éléments de ces calculs. Le rapport du nombre des décès à tous les âges au nombre des vivants à ces mêmes âges, rapport que l'on détermine au moyen de recensement ou dénombrement, forme, a dit Cl. Merger (1), la meilleure table des probabilités humaines.

Ce que dit ce publiciste, des assurances sur la vie, s'applique également aux institutions ayant pour objet le service de pensions viagères. Pour celles où, comme dans la *Retraite*, la pension a pour point de départ un âge unique, 60 ans, par exemple, le calcul est conséquemment limité à ce seul âge, au lieu d'être étendu à tous les âges, comme il est nécessaire pour les assurances sur la vie.

Le fondateur de la Société mutuelle de Prévoyance rémoise n'a point failli à cette règle fondamentale, et en poursuivant la lecture de ce mémoire, il vous sera facile de remarquer, Messieurs, le soin tout particulier avec lequel, recueillant toutes les données, l'attention de cet esprit si pratique s'est portée sur ce point absolument capital.

(1) Cl. Merger. — Des Assurances sur la vie. — *Annuaire de l'Économie politique*, p. 1851, p, 417-418.

V

Avant d'expliquer le jeu, d'ailleurs bien simple, de cette institution, il me faut vous dire, Messieurs, de quelle idée elle est née, à quel fait est due sa création.

Dans son beau livre *Le Travail* (1), M. Jules Simon déplore que les Sociétés de secours mutuels qui interviennent si utilement dans les maladies, ne puissent rien pour la vieillesse. Cela est, en effet, profondément regrettable, car c'est surtout dans cette dernière période de l'existence, souvent si pénible pour tant de travailleurs, qu'il serait nécessaire qu'elles exerçassent, par le service de pension, leur bienfaisante action.

C'est pour remédier à cette impuissance si fâcheuse des Sociétés de secours mutuels, par lui trop facilement constatée, et pour répondre à ce besoin qu'il avait depuis longtemps reconnu, qu'un modeste ouvrier, du nom de Lesage, fonda à Reims, le 1er mai 1849, c'est-à-dire à une époque bien antérieure, comme on le voit, à la publication de l'ouvrage plus haut cité, l'institution si éminemment philanthropique et moralisatrice, dénommée : *Société mutuelle de Prévoyance pour la Retraite*, à laquelle un célèbre publiciste, M. Louis Reybaud, a fait, dans son livre : *La Laine* (2), l'honneur d'une citation des plus élogieuses et qu'il a donné en exemple aux autres villes industrielles.

Si l'on ne peut appliquer à l'œuvre de la *Retraite* ce que Voltaire disait de l'Académie de Dijon, dans tous les cas, ce n'est qu'en bien, vous le voyez, Messieurs, qu'elle fait parler d'elle.

« Cet exemple, disait M. Louis Reybaud, est à recommander aux villes de fabrique qui n'ont encore rien d'analogue. »

Nulle autre part qu'à Reims, en effet, n'existe (à ma connaissance, du moins), de Société similaire, et Mulhouse même, Mulhouse qu'il faut toujours citer quand il s'agit d'in-

(1) Jules Simon. — *Le Travail*, p. 100 (1865).
(2) L. Reybaud. — *La Laine*, p. 147.

stitutions philanthropiques, ne possède pas de Société semblable à celle qui fait l'objet de cette étude (1).

La Société rémoise de *Prévoyance* dont, j'y insiste, la création est due à la seule initiative individuelle et qui, si je puis ainsi parler, a jailli, en quelque sorte, du cœur d'un humble travailleur, compte donc aujourd'hui 27 ans d'existence, plus d'un quart de siècle, c'est-à-dire une période largement suffisante pour pouvoir porter sur elle un jugement sûr et complet.

VI

Le but de cette institution, créée parallèlement aux Sociétés de secours mutuels et qui vient si heureusement les compléter, est donc de faire, vous le voyez, Messieurs, ce à quoi celles-ci sont impuissantes, c'est-à-dire une rente viagère à chacun de ses membres devenu âgé. Par quel moyen y arrive-t-elle? Un mot, au commencement de ce travail, a pu déjà vous l'indiquer; mais quelques paroles vont vous le faire connaître plus amplement, et ces paroles, je les emprunterai, si vous le voulez bien, au publiciste éminent déjà cité :

« Son économie, dit M. L. Reybaud, se réduit à un seul article : Tout ouvrier qui y verse un sou par jour en devient membre. S'il verse ce sou par jour depuis l'âge de 20 ans jusqu'à 60, il a droit à une retraite de 1 franc par jour ou 365 francs par an. L'ouvrier qui a plus de 20 ans d'âge est admis comme membre en versant la somme qu'il aurait dû payer à raison d'un sou par jour avec intérêts capitalisés,

---

(1) A. Penot. — *Les Institutions privées du Haut-Rhin* (1867).

A défaut de sa création comme à Reims, par l'initiative des ouvriers eux-mêmes, et étant connu l'esprit si intelligemment philanthropique des industriels du Haut-Rhin, on pourrait peut-être s'étonner de l'absence du sol alsacien d'une Société de ce genre, et comprendre avec quelque difficulté que ces honorables industriels n'aient pas jusqu'ici cherché à combler cette lacune dans leurs si louables institutions ; aussi faut-il dire de suite que la Société industrielle de Mulhouse qui a tant fait pour l'amélioration morale et matérielle des ouvriers, s'était occupée à diverses reprises de cette importante question dont elle n'a délaissé l'étude que lors de la fondation par l'Etat de la Caisse de Retraite.

depuis l'âge de 20 ans jusqu'au moment de son entrée. Dans cette combinaison, tout est clair et accessible aux moindres intelligences (1).

VII

Ainsi, pour but : l'allocation d'une pension à chacun des membres de l'association devenu âgé, afin de le prémunir contre les atteintes de la misère.

Pour moyens d'actions : le versement par tout adhérent d'une cotisation quotidienne de 5 centimes depuis l'âge de 20 ans jusqu'à 60 ans, âge auquel s'effectue le service de cette pension. — Les sociétaires pensionnés sont exonérés de la cotisation.

En cas de décès, la Société alloue une somme de 50 francs pour frais d'inhumation. A cet effet, et aussi pour payer les frais de service de la Société (2), il est perçu une cotisation supplémentaire hebdomadaire de 5 centimes. C'est donc au total une somme de 40 centimes par semaine que chaque membre de l'association doit verser pendant 40 ans, pour s'en assurer les avantages (3).

Voilà, en quelques mots, Messieurs, dans sa partie essentielle et en dehors de détails que vous trouverez plus loin (4), le mécanisme de l'institution.

Comme vous le voyez, il n'offre, en effet, aucune complication et est au contraire de la plus extrême simplicité.

J'ajoute qu'en dehors des sociétaires titulaires appelés, sous les conditions ci-dessus indiquées, au bénéfice de l'institution, celle-ci compte des sociétaires honoraires, véritables

(1) L. Reybaud. — *La Laine*, p. 147.
(2) Ces frais de service se composent de :
    Honoraires des collecteurs.
    Indemnité du comptable.
    Registres et impressions.
    Location de la salle de réunions du Conseil et des Assemblées générales.
(3) 40 centimes par semaine pendant 40 ans font une somme de 832 fr.
(4) Voir aux annexes l'analyse des Statuts et du Règlement d'administration intérieure.

bienfaiteurs de l'œuvre, et que, parmi ces derniers, elle a l'honneur de compter un certain nombre de membres de la Société Industrielle.

VIII

Trois moyens, à leur choix, sont offerts aux associés pour l'acquit de leurs cotisations :

Ou verser chaque semaine au collecteur 40 centimes.

Ou payer tous les ans une somme de 20 fr. 80.

Ou enfin, déposer à la caisse de la Société, une somme de 417 francs, dont l'intérêt à 5 0/0, soit 20 fr. 80, représente le montant annuel de la cotisation. Les sociétaires qui adoptent cette dernière combinaison sont exonérés de la cotisation tant que dure leur dépôt. Si, pour une cause quelconque, l'associé qui a versé 417 francs désire rentrer en possession de son dépôt, le remboursement lui en est fait 3 mois après sa demande. Lorsque le sociétaire qui n'a pas usé de cette faculté du remboursement atteint l'âge de la retraite (60 ans) — les sociétaires pensionnés étant dispensés de la cotisation, — cette somme de 417 francs lui est alors rendue. Si la mort le frappe avant cet âge, les 417 francs sont, dans ce cas, remis à la famille.

Vous le voyez, Messieurs, la *Société de Prévoyance* offre encore de ce côté toutes les facilités et se prête à tous les désirs.

A propos de la seconde combinaison (le versement annuel de 20 fr. 80), le chef si sympathique de la municipalité rémoise, l'honorable M. Diancourt, faisait un jour cette réflexion si juste : « Combien de gens de service, domestiques, femmes de chambre, cuisinières, reçoivent, disait-il, une somme équivalente à l'époque des étrennes, qui, en lui donnant un emploi, s'assureraient, sans rien sacrifier de leurs gages, une vieillesse tranquille, en dehors des économies qu'ils pourraient réaliser d'un autre côté, et qui accroîtraient leurs ressources pour leurs vieux jours (1) ! »

(1) *Indépendant rémois* (19 mars 1870).

En 1849, un député disait à la tribune : « La prévoyance, c'est la qualité essentielle à inspirer à l'homme qui vit de son travail (1). »

Par le but qu'elle lui montre et par les facilités qu'elle lui offre pour y atteindre, la *Société de Retraite*, vous le voyez, Messieurs, s'y emploie de son mieux.

IX

On a, dans un temps, beaucoup parlé de pensions à faire aux travailleurs devenus âgés. « Il faudrait, disait, il y a longtemps déjà, un écrivain (2), que les villes ajoutassent (aux emplois communaux réservés pour les vieux ouvriers) quelques fonds pris sur leur réserve pour pouvoir créer des pensions de 100, 155 et 200 francs, qu'on appellerait *les pensions du travail*. Le nombre pourrait en être porté à 6 par 1,000 ouvriers. »

Moralement et matériellement, la *Société de Prévoyance* rémoise présente sur ce système de grands avantages :

Au lieu de le devoir au hasard ou à la faveur, l'associé de la *Retraite* est le propre artisan de son bien-être, ce qui, au point de vue moral, constitue une différence immense.

Par elle, ce ne sont pas seulement 6 ouvriers sur 1,000 qui bénéficient de la pension, l'œuvre de la *Prévoyance* l'offre à tous indistinctement et, s'ils arrivent à la vieillesse dans son sein, tous les appelés sont élus.

Enfin, la pension qui, dans le mode plus haut exposé, varie de 100 à 200 francs, est uniformément, dans l'institution rémoise, de 365 francs, chiffre presque double de celui de .a pension communale la plus élevée, et qui, au moyen d'une faible adjonction, donne au pensionné qui désire y être admis, l'entrée de la Maison de Retraite.

-----

(1) M. Ferrouillat, député du Rhône. — (Assemblée nationale, séance du 19 février 1810).

(2) Émile Bères. — *Les Classes ouvrières*, moyens d'améliorer leur sort sous le rapport du bien-être matériel et du perfectionnement moral (1836).

X

Ceci dit, j'aborde, Messieurs, le côté historique, c'est-à-dire, vu la date de fondation relativement ancienne de la Société, la partie la plus longue de mon étude. Prenant l'œuvre à ses origines. je la suivrai, Messieurs, dans chacun de ses pas, mettant fidèlement sous vos yeux les faits les plus saillants qui ont jusqu'ici marqué son existence. Pour donner à mon travail le caractère d'indiscutable exactitude, dont l'absence lui ôterait toute valeur, pour le marquer de ce cachet de vérité sans lequel il ne serait rien, j'ai pris, Messieurs, mes renseignements aux sources les plus directes et les plus sûres. C'est près de la veuve et des amis particuliers de Lesage, dans les procès-verbaux du Conseil et des Assemblées générales que j'ai tous lus attentivement du premier au dernier, ainsi que dans les archives de la Société, que toutes mes indications ont été puisées. Je ne crois donc pas faire preuve de présomption en disant qu'à défaut d'autre mérite, j'ai du moins celui d'avoir apporté dans mes recherches la conscience la plus scrupuleuse.

Auparavant, je crois devoir aller au-devant d'une objection qui, à propos surtout de cette partie de mon travail, pourrait, d'ailleurs avec fondement, m'être faite. « Votre étude, pourrait-on me dire avec vérité, est, notamment par son côté historique, tout autant la glorification de Lesage que l'histoire même de l'institution. » Je ne chercherai pas, Messieurs, à m'en défendre ; oui, je l'ai fait ainsi intentionnellement et tout à fait de propos délibéré, pour deux raisons :

1° Parce que, non content de l'avoir portée dans son esprit et mise au monde, Lesage, pendant les 19 années qu'il l'a présidée, par l'acclamation unanime des associés, a vécu de la vie même de cette institution, sa fille aînée et son enfant de prédilection ; que s'étant en quelque sorte incarné en elle, après qu'elle s'était, à ses débuts, personnifiée en lui, ils ne peuvent être séparés et forment un tout ; que, dès lors, en exposant les mérites de l'institution, il faut conséquemment mettre aussi en relief ceux de l'homme à qui Reims en est redevable.

2° Parce que, comme il m'a toujours paru bon d'entretenir dans la mémoire si naturellement oublieuse des hommes, le culte des citoyens utiles, le souvenir de ceux qui se sont dévoués à leurs semblables, et que cela me paraît plus que jamais nécessaire dans les temps à la fois si remplis et si troublés que nous traversons, je n'ai pas voulu perdre l'occasion, qui par vous, Messieurs, s'en offrait à moi, de replacer la figure de cet homme de bien devant les yeux de nos concitoyens.

Si Lesage eût été encore vivant, la seconde raison m'échappait, et pour ne pas non plus faire offense à sa modestie, l'ordonnance de mon travail eût, sur ce point tout au moins, été vraisemblablement modifiée ; mais il n'est plus, et bien que l'œuvre elle-même parle, certes, assez haut, et le peigne avec une éloquence que n'atteindra jamais ma parole, j'ai cru néanmoins, — et c'est là une troisième raison, — devoir déposer comme une fleur ce dernier hommage public sur la tombe de cet homme auquel peut si justement s'appliquer le mot de l'apôtre : *Pertransiit benefaciendo :* il a passé en faisant le bien.

Animé d'un sentiment profond de fraternité et douloureusement ému du sort misérable de la plupart des vieux ouvriers, Lesage, ouvrier lui-même, s'était donné dès 1842 — il avait alors 27 ans — à l'étude des questions économiques et s'appliquait, dès cette époque, à rechercher les moyens propres à améliorer la condition des travailleurs et particulièrement celle des vieillards, obligés, pour un grand nombre, de recourir à la bienfaisance publique.

En première ligne venait donc dans sa pensée la création d'une Caisse de Retraite. Il s'en était ouvert, dès ce moment, à un certain nombre d'ouvriers, ses amis, mais ses idées trouvèrent alors peu d'écho, le vent n'y était pas encore, et bien que par le spectacle des misères dont leurs yeux étaient toujours frappés, ils reconnussent tous combien la situation des vieux artisans était affligeante, et combien, par conséquent, il était à souhaiter que quelque chose fût fait dans le sens indiqué par Lesage, ceux dont il fit alors les confidents de sa pensée ne l'appuyèrent pas de leur concours.

C'est que l'éducation économique des travailleurs n'était pas faite encore à cette époque, et qu'ils ignoraient que le mode le plus sûr de se prémunir contre une éventualité partout où elle existe, est l'association. La tutelle du pouvoir qui s'exerçait en tout sur eux, l'habitude où on les avait tenus par une centralisation excessive de tout rapporter à ce pouvoir dont ils rencontraient partout la main, avaient en quelque sorte effacé en eux la conscience de leur propre individualité et les rendaient d'une extrême défiance en eux-mêmes.

Lesage dut donc, devant cet insuccès, se renfermer dans le domaine des idées, et ajourner la mise à exécution des projets généreux qu'il nourrissait. Nous le voyons alors, attendant des jours plus favorables, continuer avec ardeur ses travaux sur cette question des Caisses de Retraite. Il étudie les lois de la mortalité et dresse, par le recensement des décès de la ville de Reims, des tables comparatives avec celles de Duvillard et de Deparcieux, qu'il s'était procurées. Pendant près de six années, Lesage releva soigneusement tous les décès qui se produisaient à Reims et, consultant les ouvrages spéciaux, prenant partout où il le pouvait des renseignements (1), il poursuivit avec une infatigable persévérance ses calculs et ses recherches, attendant l'heure où il pourrait enfin, satisfaisant au désir de son cœur, les sanctionner par la fondation de la Société qu'il rêvait, et passer du domaine de la théorie à celui de la pratique.

(1) Bien que la perte de ses papiers ne permette pas l'affirmation, on est fondé à croire que — l'homme étant connu — Lesage avait eu connaissance des travaux d'Ansell et de Neison sur la mortalité des Sociétés d'amis « *Friendly societies,* » et on est également autorisé à penser qu'il avait fait aussi son profit des données recueillies en France à cette époque sur les Sociétés de Prévoyance: Les Amis de l'humanité, de Rouen; les Caisses de Secours mutuels de Nantes et de Bordeaux.

Le 5 juin 1871, dans une réunion du conseil de la Société de Retraite, l'honorable M. Chauffert qui, à la mort·de Lesage, lui succéda dans les fonctions de Président, disait :

« De grandes choses ont été faites, et avec une telle précision de détails, qu'on est souvent émerveillé en pénétrant dans les détails de cette fondation. »

Ces paroles, prononcées par M. Chauffert après deux ans et demi d'exercice de la présidence, et alors qu'il avait, par conséquent, acquis une parfaite connaissance de l'institution, revêtent donc une autorité indiscutable ; y ajouter serait les affaiblir.

Ceci dit pour démontrer la conscience et l'intelligence apportées par Lesage dans la fondation de son œuvre, je poursuis ma narration.

—

On était à la fin de 1847 ; Reims possédait alors 17 Sociétés de secours mutuels, dont la première en date, celle des ouvriers serruriers, dite de Saint - Eloi, remontait au 1er juin 1833. Aucune autre ville (1) n'en comptait un aussi grand nombre. Reims avait donc, dès cette époque, l'honneur de tenir la tête du mouvement mutualiste ; mais l'organisation défectueuse de ces Sociétés, dont la plupart limitaient même le nombre de leurs membres (quelques-unes l'avaient fixé à 100) les rendaient complétement impuissantes à réaliser le vœu de Lesage (2). Aussi, celui-ci aspirait-il plus que jamais après le moment de pouvoir donner un corps à son idée tant caressée, et de fonder parallèlement à ces Sociétés qui bornaient leur action aux secours en cas de maladie, une institution ayant, elle, pour but exclusif, de fournir une retraite aux vieux ouvriers rémois.

(1) *Annuaire* Germinet (1847).

(2) Si la Société de Prévoyance, dit M. de Gérando, n'est composée que d'un petit nombre de membres, elle ne pourra établir avec sécurité aucun calcul en leur faveur ; car ces établissements reposent sur une véritable assurance, et l'assurance exige un nombre assez considérable de chances semblables pour pouvoir appliquer les règles du calcul des probabilités.

Lesage n'avait plus longtemps à attendre ; 1848 se levait sur l'horizon, nous apportant la République qui vint ouvrir l'essor à l'esprit d'association et jeter la semence que nous avons vue depuis si abondamment fructifier. Lesage comprit que l'heure était enfin venue de jeter les bases de son institution. Néanmoins, une année lui fut encore nécessaire pour former un premier noyau d'adhérents, car tout en comprenant l'excellence du but de l'institution, qui n'était pas à contester, les ouvriers aimaient mieux se tourner vers les associations coopératives qui, sous le nom de *corporations*, essayaient au même moment de se former et dont les résultats devaient être immédiats. La longue période à parcourir pour jouir des bienfaits de l'œuvre de Lesage jetait la tiédeur, sinon l'indifférence, dans les esprits. C'est une bonne chose, disaient beaucoup de travailleurs, une très-bonne chose, sans doute, et le fondateur de la *Société de Retraite* a obéi, en l'instituant, à une excellente idée, mais nous n'arriverons pas à l'âge fixé pour l'obtention de la rente ; dès lors, nous n'avons point d'intérêt à prendre à une institution dont nous ne sommes pas appelés à recueillir les avantages, et avec une légère variante, ils disaient comme les trois jouvenceaux de la fable :

« A quoi bon charger notre vie
» Des soins d'un avenir qui n'est pas fait pour nous ! »

« C'est un raisonnement bien mauvais que le vôtre » pouvait-on leur répondre comme la Sabine de Corneille, car la mort frappe d'un pied indifférent : *æquo pulsat pede*, et les statistiques démontrent (voir notamment la table du Dr Guy) que, au contraire, l'ouvrier laborieux et tempérant vit généralement plus vieux que l'homme riche et oisif (1). Oui,

(1) « En général, on croit que la fortune est l'état le plus favorable à la santé ; c'est là une grave erreur, comme le démontrent d'une façon péremptoire les tables de mortalité allemandes et françaises. Ce n'est pas le luxe qui rend l'homme fort et valide, c'est le triple exercice des forces physique, intellectuelle et morale ; c'est dans ce milieu qu'il se développe et se fortifie. Des calculs nets, clairs et intéressants le prouvent. »
(Philarète Chasles : — Discours sur le *Progrès*, prononcé dans le grand

c'était là, certes, un bien mauvais raisonnement, et il m'a été donné, comme à bien d'autres, sans doute, d'entendre quelques-uns de ceux qui l'ont tenu à cette époque, et qui sont aujourd'hui arrivés à une vieillesse qu'ils disaient ne devoir pas atteindre, le regretter amèrement et déplorer de n'être pas membres de la Société.

En regard de ces imprévoyants, plaçons ceux de leurs contemporains qui, plus sensés, sont entrés dans l'association. 51 de ces derniers jouissent aujourd'hui du bienfait de l'institution et sont retraités (1)! Que nos jeunes ouvriers rémois, à la réflexion desquels je livre ces deux exemples contraires, en tirent l'enseignement qu'ils renferment; qu'ils en fassent leur profit!

Lesage eut donc à lutter contre ces résistances peu sensées, et dans l'impuissance où il fut de les vaincre, malgré tous les efforts qu'il y déploya, force lui fut, à défaut d'éléments jeunes qui se refusaient sous ce mauvais prétexte, de s'entourer, pour la fondation de son œuvre, d'hommes dans la maturité de l'âge, lesquels, plus réfléchis et plus expérimentés, puis aussi plus rapprochés de l'âge où devaient s'en dispenser les bénéfices, l'appréciaient mieux.

———

Cependant, la partie jeune de la population ouvrière continuait à se tenir à l'écart, malgré l'active propagande de Lesage et de ses collaborateurs; elle préférait, je l'ai dit, se porter vers les Sociétés de coopération, dont elle devait ressentir immédiatement les avantages.

Pour répondre au courant qui entraînait les esprits de ce côté, les fondateurs de la *Retraite*, modifiant leurs idées

amphithéâtre de l'Ecole de Médecine, à la demande de l'association polytechnique.)

(1) Le tableau des opérations du dernier exercice (1873) constate qu'il a été versé dans cette année à ces 51 rentiers une somme de 16,842 fr. 50.

Le nombre des membres qui, jusqu'ici, ont touché la pension, est de 60, dont 9 sont morts, et le total des pensions servies donne, fin 1873, un chiffre de 118,005 fr. 30.

quant à l'emploi des fonds, lesquels devaient dans le principe être placés sur l'Etat, essayèrent alors de s'attirer la partie réfraçtaire en décidant, par les articles 21 à 26 du premier règlement que je donne plus loin en annexe, la création, avec le produit des cotisations, d'établissements destinés à fournir aux membres de la Société, des substances alimentaires à prix réduits.

La chose, il faut le dire, Messieurs, ne répondait pas au désir de Lesage, qui sacrifiait ici aux nécessités du moment. Il avait bien en tête, dès cette époque, la pensée d'une Société coopérative ; les *Etablissements économiques*, qui sont aussi son œuvre, l'ont prouvé depuis ; mais avec l'esprit pratique et l'unité de vues qui le guidaient, il voulait, avec raison, tenir les deux associations expressément distinctes et qu'elles n'eussent entre elles aucun point de contact officiel et direct. Je le répète, il ne s'y résolut que par concession extrême aux idées du moment, et pensant, par ce moyen, faire affluer dans le sein de la nouvelle Société la jeunesse ouvrière de Reims.

Lesage revint bien vite de cet espoir, et en dernier essai, aux établissements projetés, on tenta de substituer des bons au moyen desquels les adhérents pourraient se procurer chez des fournisseurs désignés, tous les objets d'alimentation, avec des différences de prix sensibles.

Cette seconde tentative échoua comme la première, et les fondateurs de la Société, renonçant à toute nouvelle combinaison, s'en fièrent dès lors exclusivement au bon sens de leurs concitoyens et à leur esprit de prévoyance pour leur amener des adhérents.

Pour la première année, je relève seulement l'entrée de 39 sociétaires ; l'encaisse fin de cette même année était de 571 fr. 29 c.

J'ai dit ailleurs que la *Société de Retraite* comptait deux sortes de membres :

1° Des sociétaires titulaires, appelés seuls au bénéfice de la pension ; ceux-ci taxés à la cotisation hebdomadaire de 40 centimes ;

2° Des sociétaires honoraires participant à l'œuvre par le versement d'une cotisation annuelle facultative, mais qui ne pouvait être moindre de 18 fr. 25 c. (un sou par jour).

Au commencement de la seconde année (1850), je constate sur le registre des admissions, l'entrée du premier sociétaire honoraire, M. Carpentier-Bisson, négociant, lequel se fit l'actif collaborateur de Lesage, et s'employa dans la bourgeoisie à la chaude propagande de son œuvre. Aussi la *Société de Retraite* peut-elle, à juste titre, le considérer comme l'un de ses bienfaiteurs (1).

Vous avez assisté, Messieurs, par la narration aussi fidèle et complète que possible que je viens d'avoir l'honneur de vous en faire, à la gestation et à la mise au monde de la *Société de Retraite*. Je voudrais maintenant, avant de compléter par la citation de quelques faits essentiels la partie historique de mon travail, vous dire sur quelles bases Lesage avait établi cette Société, sur quels calculs cet esprit si pratique s'était appuyé. Malheureusement, ici les certitudes manquent, les papiers de Lesage ayant été, à sa mort, presque tous égarés, ce qui est regrettable à tous les points de vue.

Au commencement de cette étude, j'ai rappelé, ce que d'ailleurs vous saviez tous, Messieurs, que la base sur laquelle s'édifie toute institution ayant pour objet le service de pensions viagères, était l'application du calcul des probabilités à la durée de la vie humaine, et j'ai signalé les éléments où se puisaient ces calculs.

J'ai dit aussi plus loin que, pendant plusieurs années, et avec cette constance inébranlable dans ses idées où se marquait avec énergie la noblesse de son âme généreuse, Lesage avait consulté les différents ouvrages traitant de la matière, qui existaient alors, relevant aussi avec soin, durant cette période, les décès locaux, pour juger de leur rapport avec les tables de mortalité considérées comme les plus exactes

____

(1) Voir la note, page 30.

ci, par cette raison, habituellement employées; s'entourant de tous les renseignements, prenant de toutes parts des notes, ses papiers devaient donc, à coup sûr, renfermer bien des détails curieux, bien des faits intéressants, et leur examen m'eût de suite initié à toutes les pensées, à tous les calculs de Lesage touchant la Société; mais, encore une fois, ces papiers, malheureusement, n'existent plus, et de toute cette masse d'utiles documents, de ces matériaux si laborieusement, si péniblement formés et amassés par Lesage, il ne reste que quelques feuilles éparses, quelques tables détachées dans les archives de la Société. Cela, je le répète, est sous tous les rapports profondément regrettable.

Par l'examen de ces quelques notes, j'ai été amené à penser comme M. Chauffert, l'honorable successeur de Lesage, que celui-ci avait dû prendre pour base de ses calculs la moyenne entre la table de Duvillard et celle de Deparcieux (1).

Le petit tableau comparatif ci-dessous me semble ne laisser aucune place pour le doute à cet égard :

DUVILLARD	20 à 60 ans	14,796,863	Soit 179
179 rentiers sur 1000 payants	60 et au-dessus	2,659,938	pour 1000
DEPARCIEUX	20 à 60 ans	26,317	Soit 259
259 rentiers sur 1000 payants	60 et au-dessus	6,829	pour 1000

Ainsi, d'après la table de Duvillard, il y aurait
179 rentiers sur 1000 payants,
d'après Deparcieux,   259   »   »
——————
438 (la moyenne est de 219).

Et la table trouvée dans les papiers de Lesage (je la reproduis aux annexes page 486), donne 221 rentiers. Comme vous le voyez, Messieurs, la concordance est parfaite.

Dans un rapport fait au nom du Comité du travail (2) sur les propositions de MM. Waldeck-Rousseau et Rouveure

_____

(1) Voir ces tables aux annexes, pages 487 et 485.

(2) Ce Comité comptait au nombre de ses membres un des représentants de la Marne, M. Ferrand.

ayant pour objet l'institution de caisses de secours mutuels
et de prévoyance, M. Ferrouillat, député du Rhône, disait à
l'Assemblée nationale (séance du 19 février 1849) :

« Quant à la loi de mortalité, nous avions à choisir entre
» deux tables employées selon la nature de leurs opérations
» par les compagnies particulières : l'une est la table de
» Deparcieux, l'autre celle de Duvillard. La première,
» adoptée exclusivement pour les assurances *en cas de mort*,
» est généralement considérée comme plus rapide que la
» mortalité réelle. La seconde, employée pour les assurances
» *en cas de vie*, notamment pour les rentes viagères, donne
» une mortalité trop lente ; mais toutes deux, choisies alterna-
» tivement suivant les cas, ont pour résultat de favoriser
» l'assureur aux dépens de l'assuré. On comprend, en effet,
» que des compagnies particulières cherchent dans le choix
» de leur table de mortalité une assurance contre les pertes
» et une garantie de bénéfices. L'Etat, au contraire, devant
» éviter avec soin des pertes qui affecteraient le crédit
» public, et plus encore des bénéfices qui seraient odieux,
» doit chercher la vérité entre ces deux calculs extrêmes.
» *Le comité, convaincu que c'était là que devaient se placer*
» *en effet les probabilités les plus voisines de la certitude, a*
» *adopté pour base du tarif une moyenne entre la table de*
» *Duvillard et celle de Deparcieux.*

» Cette base était déjà celle proposée en 1844 par une
» Commission composée des publicistes les plus éminents de
» notre époque. »

Or, Lesage qui, je vous l'ai dit, Messieurs, compulsait
tous les écrits spéciaux et qui suivait attentivement tous les
débats se rattachant à cette question pour lui si intéressante
des Caisses de Retraite, Lesage, dis-je, a eu, à n'en pas
douter, connaissance de ce rapport et a dû faire son profit
des déclarations plus haut reproduites.

Grand ami de Lesage dont il devait, par conséquent,
connaître les projets, M. Ferrand, député et membre du
Comité au nom duquel ce rapport fut présenté à l'Assemblée
nationale avait dû certainement le lui faire parvenir. Mais

par sa forme matérielle, c'est-à-dire par son écriture diffé-
rente de celle des autres notes, j'ai lieu de penser cependant,
que la table dressée par Lesage, dont j'ai tout à l'heure
donné le résumé, et qui est en concordance parfaite avec la
moyenne des tables Deparcieux et Duvillard, est d'une date
antérieure à celle du rapport Ferrouillat, et que, par conséquent, l'opinion de Lesage sur ce point était faite dès avant
cette époque. Je suis plutôt disposé à croire que Lesage qui,
à ce moment, je l'ai dit, étudiait déjà ardemment la question,
avait été informé des travaux de la Commission de 1844.

Quoiqu'il en soit, et bien que toute preuve absolue manque,
je crois, Messieurs, en présence de ceci, qu'à cet égard le
doute n'est plus guère permis, et que la base adoptée par
Lesage est bien la moyenne entre les tables de Duvillard et
celles de Deparcieux.

Ceci établi, autant que le permet l'absence de plus amples
documents, je poursuis ma narration.

—

La période toujours si difficile des débuts était enfin tra-
versée, le pas redoutable était franchi et la jeune Société
avait doublé heureusement le cap des tempêtes. Un vent plus
favorable commence à enfler sa voile, et, quoique en bien
petit nombre encore, les adhérents commencent à lui arriver.
Jusqu'en 1859, je ne trouve rien de saillant à relever dans la
marche de la Société ; les procès-verbaux de Conseil et
d'Assemblées générales ne relatent aucun fait fixant d'une
manière particulière l'attention. La Société suit paisiblement
sa voie, mais sans prendre pourtant, et sans que la raison en
puisse être attribuée à autre chose qu'à l'inertie des ouvriers,
les développements sur lesquels on pouvait être en droit
d'espérer.

En cette année 1859, se produit un fait qui appelle une
mention : c'est l'arrivée à l'âge de la retraite d'un sociétaire.
Le 15 Décembre 1859, M. Diot, ayant, par un certificat de
naissance, justifié de ses droits, inaugure la liste des pensionnés. Pour célébrer cet événement, un modeste banquet, une

agape bien simple et toute fraternelle, réunit le pensionné et les membres du conseil d'administration de la Société. Celle-ci comptait alors (elle avait dix ans de date) 311 sociétaires titulaires, 66 sociétaires honoraires et possédait un capital de 57,386 fr. 37 centimes.

Je n'ai rien à relever à l'actif des années 1860 et 1861, si ce n'est pourtant un mouvement plus prononcé dans les entrées. La Société compte un pensionné, le but de l'institution est dès lors tangible, il a pris corps, il s'est matérialisé, s'est fait homme, si je puis ainsi dire, et ce seul fait, dont la possibilité était, par beaucoup d'ouvriers, déraisonnablement mise en doute, amène au sein de la Société un nombre relativement considérable de recrues. Ceux qui, jusque-là, avaient affecté le scepticisme, comprenaient enfin qu'il n'y avait dans ce but absolument rien de l'utopie, et que cet idéal était parfaitement réalisable. De 311 Sociétaires titulaires en 1859, le chiffre monte à 468 en 1861, et comme par le frottement une affection réciproque s'établissait bien vite entre le fondateur Président de la *Retraite* et chacun des membres de l'association, Lesage pouvait, dès ce moment, et avec autant de fierté que le Cid, dire comme lui : *Cinq cents de mes amis.*

En 1862, le nombre des titulaires atteint 556, et l'encaisse sociale est de 116,114 francs 74 centimes.

Cette année devait d'une autre façon, et par une cause plus exceptionnelle que l'année 1859, marquer dans les annales de la Société. Le 28 octobre mourait M. Commesny, négociant, sociétaire honoraire, lequel, par son testament reçu par Me Maireau, notaire à Reims, léguait à la *Société de Retraite*, les 2/20mes de sa fortune. Ces deux vingtièmes représentaient une somme de près de dix mille francs.

Je trouve consigné dans les procès-verbaux de cette époque, l'hommage, justement mérité, rendu par les membres de l'association à la mémoire de ce généreux donateur.

Mais un obstacle s'opposait à la délivrance de ce legs, la loi ne permettant l'acceptation de toute libéralité d'un chiffre supérieur à cinq mille francs, qu'aux institutions reconnues d'utilité publique. Pour être apte à profiter du legs de

M. Commesny, la Société qui, jusque-là, n'était qu'autorisée, devait donc, préalablement, se faire reconnaître comme telle par le gouvernement. M. Werlé, sociétaire honoraire, alors maire de Reims, et qui s'intéressait beaucoup à l'œuvre de la *Retraite*, s'y employa, et un décret, en date du 9 août 1864, en investissant cette institution si philanthropique du titre d'Établissement d'utilité publique, la mit en possession de la faculté d'accepter tous dons ou legs.

Avant de quitter cette année 1864, je vous signalerai, Messieurs, un fait qui, s'il ne touche pas d'une façon directe à l'histoire même de la Société, démontre du moins la haute estime en laquelle était tenue par tous les membres de l'association, son fondateur-président.

A la suite d'une souscription à laquelle avaient concouru avec empressement tous les membres de la Société, un service en argent fut, dans l'assemblée générale du 3 juillet, offert en signe d'amitié et de reconnaissance à Lesage. M. Roger, alors vice-président de la *Retraite*, accompagna la remise de ce service des paroles suivantes :

« Monsieur le président. — La Société, reconnaissante de votre bonne administration depuis sa fondation, a l'honneur de vous offrir, en ce jour, ce témoignage de son estime. C'est au nom de la Société tout entière et comme mandataire du conseil, que cette heureuse mission m'a été confiée. Recevez, mon cher président, ce gage de notre gratitude, avec le plaisir que j'éprouve en vous l'offrant, et croyez-moi votre ami sincère. »

Ces paroles, ajoute le procès-verbal, sont applaudies de toute l'assemblée qui pousse des vivats chaleureux en l'honneur du président.

J'ai tenu, Messieurs, à citer ce fait, parce qu'en même temps qu'il dénote les sentiments que professaient à l'endroit de Lesage tous les membres de la Société, il prouve encore l'union parfaite qui régnait entre eux.

L'année 1865 s'écoule sans laisser de traces sensibles dans l'histoire de la Société. Je compte, à cette époque, 871 sociétaires titulaires, 60 sociétaires honoraires, et son actif est de

211,202 fr. 08 centimes. La pension statutaire est servie à dix membres.

En 1866, je relève sur les contrôles l'existence de 960 sociétaires titulaires. Le 26 janvier de cette année (1866) meurt M. Victor Massé, lequel, suivant la voie si généreusement ouverte par M. Commesny, lègue à l'œuvre de la *Retraite*, une somme de 200 francs.

. En informant la Société du don qui lui était fait, M. Emile Massé, fils du défunt, exprimait en même temps le désir de remplacer son père et d'être inscrit au nombre des membres honoraires, désir auquel la Société souscrivit avec un juste empressement.

Le 27 août 1866, la Société perd M. Carpentier-Bisson, le premier en date de ses sociétaires honoraires et l'un des principaux ouvriers de l'œuvre (1).

—

En cette même année 1866 se place, Messieurs, un fait important : la fondation par Lesage et ses dévoués collaborateurs, de la Société coopérative dite des *Etablissements économiques*. Le but primitif et si philanthropique de cette institution vous est connu. C'était, avec les modifications démontrées nécessaires par le temps, la reprise de l'idée de 1849, un retour avec perfectionnement aux articles 21 à 26 du premier règlement de la *Société de Retraite*.

Il s'agissait, vous vous le rappelez, Messieurs, de fonder, sur différents points de la ville, des magasins de vente à prix réduits de tous les objets de consommation ; ces dits magasins se reliant à une maison centrale.

(1) Après dépôt de ce mémoire à la Société industrielle et au moment de le mettre sous presse (décembre 1876), j'ai reçu communication du fait suivant : Par testament olographe en date du 28 août 1863, M. Carpentier a légué aux hospices une somme suffisante pour acheter une rente de 3 0/0 sur l'Etat. de 300 francs. laquelle devra servir à faciliter l'admission à la Maison de Retraite *d'ouvriers* faisant partie de la Société. L'administration des hospices ne pourra jouir de cette rente annuelle de 300 francs, dont l'acquisition a coûté plus de 7,000 francs, qu'après le décès de l'ancienne domestique de M. Carpentier, laquelle doit en jouir sa vie durant.

Les ventes, expressément au comptant, ne devaient s'effectuer qu'aux membres des diverses institutions philanthropiques rémoises, et les bénéfices à résulter des opérations devaient se répartir entre ces différentes institutions au prorata du nombre de leurs membres. On voit d'ici le but, qui était d'amener, par les avantages offerts, la classe ouvrière de Reims dans la *Société de Retraite* et autres Sociétés de secours mutuels. A tous les points de vue, ce but, certes, était excellent, et les bénéfices que devaient trouver les ouvriers à s'approvisionner dans les magasins des établissements eussent couvert, et au-delà, le chiffre des cotisations qu'ils auraient eu à verser comme membres de la *Retraite* ou des autres Sociétés.

Je n'ai pas à développer ici, Messieurs, les raisons qui ont fait modifier si complétement les conditions d'établissement de cette institution ; cela ne rentre pas dans mon sujet. Quoiqu'il en soit, la fondation de cette nouvelle société n'en reste pas moins à l'honneur de Lesage et de ses fidèles collaborateurs.

—

1867 voit le nombre des sociétaires titulaires de la *Retraite*, atteindre enfin le chiffre 1,000 ; 19 membres recueillent les bienfaits de l'œuvre et touchent la pension ; 275,730 fr. 38 c., placés en valeurs de premier ordre et de tout repos, forment, à cette époque, l'actif de la société. Nous voici arrivés en 1868, Lesage voit prospérer son œuvre ; il assiste heureux à son développement. A côté de la *Retraite*, dont il suit avec un amour tout paternel la marche chaque jour plus ferme et les pas grandissants, l'institution coopérative des *Etablissements* appelle ses soins ; et comme toujours, s'oubliant lui-même, ne comptant pas avec la fatigue, car c'était une de ces âmes toujours actives pour lesquelles le travail est le repos du travail, Lesage les lui donne avec une telle abnégation qu'il y perd la vie.

Le 29 septembre 1868, que ce jour soit marqué d'une pierre noire dans les annales de la Société de Retraite : *Nigro no-*

landa lapillo, la mort impitoyable frappait cet homme de
bien. De même que le législateur hébreu ne put mettre le
pied sur le sol de Chanaan, il ne fut pas non plus permis à
Lesage d'entrer dans cette terre promise de la *Retraite* qu'il
avait pour nous découverte et vers laquelle, guide sûr et
fidèle, il nous conduisait depuis 19 ans !

Lesage avait cinquante-trois ans.

Un journal local annonçant ce triste événement, publiait
en même temps un article nécrologique duquel je vous demande, Messieurs, la permission d'extraire les passages
suivants :

« C'est une perte qui sera vivement sentie par la popula-
» tion ouvrière de notre ville.

» .... Guidé par un esprit pratique et un jugement sain,
» il (Lesage) avait compris l'importance de généraliser les
» habitudes d'épargne parmi les travailleurs.

» .... M. Lesage était un de ces hommes précieux qui,
» par leurs conseils et par leur exemple, prouvent que dans
» la société actuelle, l'ouvrier peut arriver par l'économie
» et le principe d'association dans le crédit et dans le travail,
» aux rangs supérieurs. ... Nul mieux que lui n'a compris la
» pratique du bien et la nature des améliorations sociales
» qui constituent le vrai progrès parmi nos populations labo-
» rieuses. Il n'obéissait qu'à l'amour du bien sans briguer les
» récompenses honorifiques qui lui étaient cependant réser-
» vées. Sa modestie n'en avait pas souffert. Utile à tous, il
» mérite les regrets sincères de ses concitoyens qui ne man-
» queront pas d'honorer sa tombe comme ils apprécient son
» mérite (1). »

La mort prématurée de Lesage fut en effet un véritable
deuil public, et ses obsèques témoignèrent des profondes
sympathies qui entouraient cet homme de bien, et des vifs
regrets qu'il laissait derrière lui. Tous les membres des
diverses sociétés dont Lesage faisait partie tinrent à honneur de lui rendre les derniers devoirs ; et dans la foule émue

(1) *Courrier de la Champagne.* 30 Septembre 1868.

qui lui fit cortége, se remarquaient aussi les représentants
de l'autorité locale, ainsi que toutes les sommités du commerce et de l'industrie rémois.

Permettez-moi encore, Messieurs, de détacher des deux
discours prononcés sur la tombe de Lesage, les quelques passages suivants : M. E. Garnier, Président de la Société des
Etablissements, s'exprimait ainsi : « Attiré vers M. Lesage
par la sympathie que lui valait si facilement son caractère
ouvert et bienveillant, je n'ai eu l'honneur de le connaître
que depuis trop peu de temps ; mais c'était plus qu'il n'en
fallait pour juger et apprécier à toute leur valeur les qualités
de notre cher défunt. — D'un bon sens peu ordinaire, d'une
honorabilité parfaite, d'un rare dévouement au bien public,
M. Lesage, simple ouvrier, se devant chaque jour à son travail et à sa famille, sut cependant, sans nuire à l'un et sans
sacrifier l'autre, trouver le temps nécessaire à l'élaboration
et à la création de deux des plus importantes sociétés de cette
ville, *sociétés qu'elle peut montrer avec orgueil comme exemple
aux cités environnantes.* — Par l'intelligence et le dévouement constant qu'il apporta à la réussite de ces entreprises,
il s'était élevé parmi nous de beaucoup au-dessus de l'humble
carrière, dont sa modestie a su se contenter toute sa vie. —
Au moment où cet homme de bien, qui s'était toujours effacé,
lui et les siens, devant l'intérêt public, au moment, dis-je, où
il voyait ses efforts une deuxième fois couronnés de succès,
et où il pouvait, certainement contre son attente, jouir, lui
aussi, des fruits de son labeur incessant, une fatale maladie
est venue le ravir à sa famille désolée, à ses nombreux amis,
et le priver ainsi du repos bien mérité qu'il eût pu goûter un
jour, entouré de la considération et de la reconnaissance de
ses concitoyens. »

De l'adieu prononcé ensuite par M. Dorigny, premier vice-
président de la *Retraite*, je détache les paroles suivantes :
« Reposez en paix, cher et regretté ami, vous dont les cons-
tantes pensées ont toujours été pour le bonheur de vos frères.
.... Vous étiez un de ces hommes pour lesquels le sacrifice
d'eux-mêmes n'est rien, et nous en avons malheureusement

un exemple en ce moment, c'est cette volonté absolue carac-
térisant vos actions qui est cause de votre trépas. Ce sacrifice laissera dans nos cœurs un éternel souvenir qui sera
pour nous un chemin tout tracé que nous nous efforcerons de
suivre, afin de continuer l'œuvre par vous commencée, et que
tous nos efforts tendront à faire fructifier, afin que les générations futures puissent se rappeler par nos actes, l'homme
qui en a été le premier auteur. »

Enfin, une pièce de vers, sortie de la plume qui trace ces
lignes, et à laquelle le journal plus haut cité voulut bien donner l'hospitalité de ses colonnes, fut le dernier tribut public
payé dans cette pénible circonstance à la mémoire de ce bon
citoyen.

A son tour, l'Administration municipale, vous le savez,
Messieurs, a honoré le souvenir de Lesage en donnant son
nom à l'une des rues de notre ville.

Le jour même de ces grandes funérailles, celui, Messieurs,
qui a l'honneur de vous entretenir en ce moment, adressait
au Conseil de la *Retraite* une demande tendant à la convocation immédiate d'une assemblée générale, afin de pouvoir
saisir celle-ci des trois propositions suivantes :

1° Ouvrir parmi les membres de la Société une souscription à l'effet d'ériger un monument sur la sépulture de Lesage (1);

2° La rédaction d'une adresse témoignant de leur reconnaissance et de leurs regrets à remettre à sa veuve ;

3° L'allocation, dès ce jour, à celle-ci, par dérogation exceptionnelle aux statuts, et en raison des services si nombreux et si éminents rendus par Lesage, de la pension réglementaire.

La réunion eut lieu le 25 octobre à l'Hôtel de Ville, et nos
ouvriers, donnant une fois de plus la preuve qu'ils ont la mémoire du cœur, votèrent ces trois propositions à l'unanimité
et par acclamation.

Pardonnez-moi, Messieurs, si je me suis peut-être un peu

(1) Cette souscription se fit de concert avec la Société des *Etablissements économiques.*

trop étendu dans le récit de la mort du fondateur de la *Retraite*, et des hommages qui furent à cette occasion rendus à sa mémoire ; mais la source est si profonde quand c'est dans le cœur que la pensée puise ses inspirations, qu'elle a peine à s'en détacher !

Après un intérim laborieusement exercé par M. Dorigny, premier vice-président de la société, l'assemblée générale des membres de la *Retraite* fut appelée le 17 janvier 1869, à donner un successeur à Lesage.

Le choix de la majorité se porta sur M. Chauffert, honorable négociant de notre ville et commissaire des Etablissements économiques, qui, de sociétaire honoraire, s'était fait admettre au titulariat afin de pouvoir poser sa candidature.

Le 21 mars 1869, M. Chauffert prit officiellement possession du fauteuil de la présidence qu'avait si dignement occupé son prédécesseur depuis la fondation de la Société. Pour inaugurer son entrée en fonctions, le nouveau président prononça, à la salle Chemin, un discours dont je vous demande, Messieurs, la permission de citer ce passage :

« Ce n'est pas sans une certaine hésitation que j'ai accepté
» la candidature qui m'était offerte. J'avais à succéder à l'un
» de ces hommes de cœur et de dévouement, comme on en
» rencontre peu. Je sais que je ne pourrai jamais l'égaler.
» Son exemple me servira toutefois de soutien et d'encou-
» ragement à faire le bien. Si j'avais un moment de défail-
» lance, je n'aurais qu'à me rappeler toute cette vie de dévoue-
» ment et d'abnégation pour les autres, pour me rendre du
» courage.

» Plus on examine attentivement les travaux de M. Lesage,
» plus on le trouve grand. L'organisation de notre Société
» mérite en effet, d'être étudiée avec soin. Elle est grande
» dans son but, simple dans ses moyens. Plus on la considère,
» plus on est enthousiasmé pour l'esprit profond qui l'a
» conçue. »

Suum cuique. A chacun le sien. — Disons, obligé que nous sommes de donner des limites à ce travail, que, pendant les sept années qu'il en a été investi, M. Chauffert a rempli les fonctions de président avec beaucoup d'intelligence, de zèle et de dévouement. La *Société de Retraite* lui est redevable d'améliorations et de réformes utiles. Citons entre autres, parmi les premières, *les cartes de pharmacie*, au moyen desquelles, en cas de maladie, les membres de la *Retraite* peuvent, pour eux et leur famille habitant avec eux, se procurer, chez les pharmaciens désignés au dos de ces cartes, des médicaments à prix réduits.

Parmi les réformes, il en est une tout au moins que, vu son importance, je ne puis passer sous silence : c'est la révision du compte de dividende, lequel, par une fausse interprétation d'un article des statuts, avait été jusque-là établi sur une base erronée.

Entre autres questions qui furent aussi traitées sous l'administration de M. Chauffert, et par son initiative, il en est deux qu'il faut citer tout particulièrement. La première est celle de la double pension.

Le cadre de mon travail ne me permet pas de reproduire les arguments favorables ou contraires qui furent invoqués de part et d'autre dans cette discussion ; je dois me contenter d'en faire connaître le résultat. Par le motif qu'en créant des catégories, cette mesure aurait pour effet de détruire le sentiment d'égalité qui avait présidé à la fondation de la Société et qui devait continuer d'y régner, puis encore qu'elle préjudicierait aux intérêts de la Société par les modifications qu'elle apporterait aux chances de mortalité, cette question de la double pension ne reçut pas la solution désirée, par son auteur, et sur ce point les choses restèrent en l'état.

La seconde question était celle des étrangers. La *Société de Retraite*, jusque-là circonscrite à la ville de Reims, ne devait-elle pas élargir son cercle d'action et recevoir les personnes résidant hors ville qui désireraient en faire partie ?

Un certain nombre de membres, partisans de la suppression de la clause du domicile à Reims, désiraient que la faculté d'admission fût étendue au moins à l'arrondissement, sous la condition, par les sociétaires non rémois, de payer la dette entière en entrant, et d'envoyer leurs cotisations en une ou deux fois pour éviter la multiplicité des écritures. D'autres sociétaires, amendant la proposition dans le sens le plus extensif, demandaient même que la Société rayonnât sur toute la France, et que, sous l'unique condition d'élire domicile à Reims (cette élection de domicile se faisant par la simple référence d'un nom local), toute personne habitant le territoire français et justifiant, bien entendu, de son âge et de sa moralité, fût apte à se faire inscrire sur les contrôles de la Société.

Cette question des étrangers est restée jusqu'à ce jour à l'état d'examen et n'a pas encore été tranchée ; mais l'étude du projet de M. Dorigny, ancien premier vice-président de la *Retraite*, dont je vais dire un mot plus bas, fera certainement avant peu intervenir sur ce point une solution.

Dans la première année de présidence de M. Chauffert, et sur sa demande, Napoléon III se fait inscrire parmi les membres honoraires de la Société, à laquelle il fait adresser, pour le montant de sa souscription (ce sont les termes de la lettre d'envoi), une somme de 1,000 francs.

En 1869, à la prise de possession de la présidence par M. Chauffert, la Société comptait 1,100 membres titulaires, 67 sociétaires honoraires, et 351,184 fr. 11 c. formaient son capital.

Fin 1875, quand, par suite d'une divergence d'opinion avec l'assemblée générale, sur la nécessité et l'opportunité de certaines modifications, M. Chauffert crut devoir se démettre de ses fonctions, les contrôles de la Société accusaient 1202 membres titulaires, 46 sociétaires honoraires ; son capital était de 568,409 fr. 87 c. (1).

(1) Ici, et en finissant ces citations de chiffres, une observation nécessaire!

Depuis quelques mois, la présidence est, en conséquence de sa démission, passée des mains de M. Chauffert dans celles de M. Guillon, intéressé de commerce, et étant données la bonne volonté et l'énergie du titulaire actuel, on doit penser qu'il suivra, les traditions de ses prédécesseurs, et que sous sa direction l'œuvre ne périclitera pas.

En ce moment, le conseil de la *Société de Retraite* se livre à l'examen de deux propositions dont il a été saisi par M. Dorigny, ancien premier vice-président de la Société, et M. Joly, deuxième vice-président de la *Retraite*, président de l'*Union Foncière* et membre du Conseil municipal.

La première de ces deux propositions, émanant de M. Dorigny, a pour but l'adjonction, sous le nom de *Caisse d'exonération*, d'une annexe à la *Société de Retraite*. Au moyen de cette caisse, dont les opérations s'étendraient à tout le département, les parents pourraient assurer pour la Retraite, leurs enfants dès leur plus bas âge.

La somme à verser en une ou plusieurs fois, au choix des parents, est calculée de manière à produire à l'âge d'admission par la capitalisation des intérêts et les chances de mortalité, le chiffre de 417 fr. dont, nous l'avons dit déjà, l'intérêt à 5 %, soit 20 fr. 80 représente le montant annuel de la cotisation.

De sorte que les enfants dont les parents prévoyants auront usé de ce moyen deviendront de droit, à l'âge fixé, membres de la *Retraite*. Ils seront exonérés de la cotisation par l'intérêt de la somme par eux versée, laquelle somme leur sera remboursée à 60 ans, lorsqu'ils recevront la pension.

La seconde proposition, qui a pour auteur M. Joly, est, en

Le numéro d'ordre des admissions à cette époque, fin 1875, était 1,838. Je dis, que la Société comptait :

1.202 Sociétaires titulaires,
46 Sociétaires honoraires.

Ensemble 1.248 Sociétaires *effectifs et payants*.

C'est ainsi qu'il faut entendre tous les nombres donnés.

La différence entre 1.838 et 1.248, soit 590, représente les décédés démissionnaires ou radiés.

raison de l'obligation du service militaire créée par de récentes lois, d'avancer l'âge d'admission, de manière à ce que les jeunes gens partant à 20 ans, puissent en rentrant à 25, n'avoir point d'arriéré à acquitter, et qu'ils n'aient à leur retour qu'à payer simplement la cotisation hebdomadaire de 40 centimes, les sommes qu'ils auraient à verser du jour de leur admission à celui de leur départ pour l'armée devant représenter par le capital, les intérêts et les chances de mortalité, les cotisations des cinq années que doit durer leur absence.

—

Comme vous le voyez, Messieurs, la *Société de Retraite* ne se complaît pas dans l'immobilité, et n'est point sourde à la voix du progrès.

Ces deux exemples entre tous autres prouvent que, loin de rester stationnaire, cette excellente institution a, au contraire, profondément à cœur de ne pas demeurer en arrière du temps et d'en méconnaître les nécessités bien démontrées. Et c'est précisément parce qu'elle ne s'est point fait de l'immobilité un système, c'est parce qu'à la prudence qui a toujours présidé à sa marche elle sait allier le progrès sage et raisonné, que cette œuvre restera.

Oui, là sont les garanties de sa durée, les gages de sa perpétuité. Améliorée, perfectionnée, et comme le flambeau de la vie dont parle Lucrèce, notre génération la passera à celle qui la suit :

Et quasi cursores vitaï lampada tradunt.

XI

J'ai terminé, Messieurs, la partie historique de mon étude. Vous connaissez maintenant, par l'exposé que je viens d'avoir l'honneur de vous en faire, les faits les plus saillants qui ont, jusqu'ici, marqué l'existence de la Société rémoise pour la *Retraite*. Je vous ai indiqué en commençant les sources où j'avais puisé mes renseignements ; je n'ai donc rien avancé, Messieurs, qui ne soit de la plus rigoureuse exactitude. Au bout de chaque phrase et derrière chaque chiffre, je puis mettre une preuve.

Je touche donc au terme de ma tâche ; mais avant de fermer ces pages, je ne crois pas inutile, Messieurs, de résumer ici, en manière de conclusion, les avantages spéciaux offerts par l'institution rémoise de *Prévoyance* :

1° La constitution d'une *Retraite* de 365 francs à chacun de ses membres âgé de 60 ans. — Cet âge peut être avancé par le moyen du dividende ; fin de chaque année, répartition est faite entre tous les sociétaires titulaires du produit des cotisations des membres honoraires, des bonifications qui, dans le cours de l'exercice, ont pu être obtenues sur le produit des placements (primes des obligations de chemins de fer sorties aux tirages (1), des arrérages annuels résultant des libéralités acquises à la Société et du produit des répartitions faites antérieurement au profit des sociétaires radiés, démissionnaires ou décédés, défalcation faite de la dette de ces derniers s'ils en avaient une.

Le dividende de chaque répartition est inscrit sur le grand livre de la Société et sur le livret de chaque sociétaire *qui reçoit la pension autant de jours avant 60 ans qu'il a de francs inscrits sur son livret.*

2° Les cartes de pharmacie au moyen desquelles, en cas de maladie, les membres de l'association peuvent pour eux et leur famille habitant avec eux, se procurer les médicaments à prix réduits.

En dehors de ces bienfaits spéciaux qu'assure l'œuvre de la Retraite, laissez-moi encore vous indiquer, Messieurs, quelques-uns des avantages particuliers aux institutions de prévoyance, et puisqu'ici s'offre à moi l'appui d'une voix autorisée, permettez-moi, Messieurs, d'y avoir recours et de reproduire la description qu'en a faite avec tant de bonheur M. de Gérando :

« Les sociétés de prévoyance, dit-il, sont de véritables

---

(1) La Société de Retraite possède actuellement 1.147 obligations de chemins de fer (lignes garanties par l'État). Voir aux annexes le détail du placement du fonds social.

caisses d'épargne, elles ont sur les caisses d'épargne formées de simples dépôts, plusieurs avantages.

» L'épargne, pour le membre de la société de prévoyance, n'est pas facultative, mais obligatoire ; l'engagement est contracté librement, mais il lie pour l'avenir, une fois qu'il est contracté. L'épargne n'est pas simplement momentanée, elle est persévérante, périodique, régulière ; son taux est déterminé. Le sociétaire qui négligerait de la continuer perdrait la somme déjà mise en réserve. De la sorte, l'économie devient une nécessité ; elle se transforme en habitude. Le sociétaire est appelé à la pratiquer dès les années de sa jeunesse ; d'année en année, il a un intérêt toujours plus marqué à lui être fidèle.

» L'épargne confiée à la *Société de Prévoyance* ne peut en être retirée par le caprice, par l'inconstance, à l'occasion d'un plaisir, ou de la dissipation. Elle reste invariablement destinée pour être appliquée aux circonstances fâcheuses, en vue desquelles elle a été déposée ; elle ne saurait être détournée de ce but....

» Il y a toujours, ajoute-t-il, quelque chose de bon dans un lien qui rapproche les hommes, qui confond leurs intérêts, qui les rend solidaires les uns pour les autres. La Société de *Prévoyance* est une confraternité.....

» Les conditions imposées sont, dit-il encore, un avertissement contre les désordres, un encouragement à observer une conduite honnête.... Pour recueillir les avantages de l'association, le sociétaire doit mériter l'estime de ceux qui la composent.

» Cette heureuse nécessité élève son caractère ; il goûte aussi une légitime fierté en pensant qu'il doit à ses propres efforts la garantie qu'il a obtenue, qu'il n'est point exposé à invoquer la pitié d'autrui, et ce sentiment de l'indépendance redouble son courage comme il développe ses facultés (1). »

Je ne pense pas, Messieurs, avoir besoin de rien ajouter à ces paroles, elles mettent trop bien en lumière les avan-

______
(1) De Gérando.

tages qu'en dehors de son but particulier, les membres d'une société comme la *Prévoyance Rémoise* ont à en retirer, pour que j'aie à y insister.

J'exclus donc tout commentaire, et je finis, Messieurs, par cette citation spéciale à l'œuvre de la *Retraite*, que j'emprunte au premier magistrat de notre ville. Avec la haute autorité qui s'attache à sa parole, le Maire actuel de Reims, l'honorable M. Diancourt, membre honoraire de l'institution, disait un jour :

« Nous ne saurions appeler trop vivement l'attention sur » cette société qui ne peut manquer de prendre un immense » développement le jour où elle sera plus connue, et où les » incontestables services qu'elle est appelée à rendre aux » travailleurs, seront appréciés à leur valeur (1). »

Je suis heureux, Messieurs, de pouvoir, en terminant ce long travail, appuyer mon sentiment d'un tel témoignage.

Les avantages moraux et matériels des sociétés de prévoyance et spécialement ceux de l'institution rémoise de la *Retraite* ne sont donc pas à contester. A l'opinion des publicistes et des économistes à cet égard, je viens d'ajouter celle, si considérable, du chef de notre Administration municipale, laquelle opinion se confirme et se corrobore encore de l'appui que donnent à l'institution, les sommités commerciales ou industrielles qui composent la liste de ses Sociétaires honoraires.

Les bienfaits de la *Société de Retraite* sont donc unanimement reconnus ; comme dit Alceste à Philinte :

« Tout le monde en convient et nul n'y contredit. »

XII

A vous maintenant, Messieurs, de voir, si cette institution, dont je viens d'essayer de plaider devant vous la cause, réalise le mieux les conditions du programme de la Société industrielle, et si, mis par vous, juges impartiaux, dans la balance, ses mérites l'emportent sur ceux des autres Sociétés

(1) *Indépendant rémois*, 10 mars 1870.

locales, qui, par des voies différentes et particulières à chacune d'elles, tendent au même but : le développement du
bien-être matériel et le perfectionnement moral des travailleurs.

En attendant l'avenir prochain qui m'instruira, si ma pensée est par vous, Messieurs, partagée, c'est avec une bien
vive satisfaction qu'au moment de clore ce travail, je viens
de voir Monsieur le Président de la Société industrielle de
Reims, consacrer dans une circonstance mémorable l'opinion
par moi émise aux premières pages de ce mémoire sur la
connexité des progrès de l'industrie avec l'amélioration morale et matérielle des ouvriers. Je suis fier, je l'avoue, Messieurs, de voir mon opinion que ma juste obscurité rendait
sans poids, recevoir cette précieuse sanction.

XIII

Et maintenant, Messieurs, si au moment de poser la plume,
il m'était par vous permis d'adresser quelques mots tout fra-
ternels à nos jeunes concitoyens ouvriers, je leur dirais :

Deux devoirs entre tous sont imposés à l'homme pendant
la période active de sa vie ; ces deux devoirs corrélatifs sont
de s'assurer les moyens d'existence par le travail et par
la prévoyance des ressources pour l'avenir.

La prévoyance, qui est un des beaux priviléges de l'homme (1) est donc aussi un devoir étroit, et comme tous les autres, ce devoir a sa sanction. « Cette pénalité naturelle at-
tachée à l'infraction de tous les devoirs, ne fait pas non plus
défaut à celui-ci, c'est la gêne, c'est la misère, qui se lient à
l'imprévoyance comme le châtiment au délit (2). »

Ce devoir de la prévoyance, ne le mettez donc pas en oubli ;
méditez cette parole de de Jussieu: «Celui qui s'endort sans
prévoyance se réveille sans ressources. »

On se fait facilement illusion sur la durée de ses forces et

(1) Bastiat, VI, p. 88.
(2) H. Baudrillart. *La liberté du travail, l'association et la démocratie*
p. 180.

sur les ressources de l'avenir: on ne réfléchit pas que le soleil du matin, pour me servir de l'expression de Franklin, ne dure pas tout le jour; on obéit aux passions, aux besoins de chaque jour, et la vieillesse arrive sans qu'on y ait pensé. Or, c'est pour n'y avoir pas pensé que, ainsi qu'on l'a dit, la vieillesse est pour un très-grand nombre d'hommes un âge de misère et de chagrin. Il n'y a en effet que trois moyens de traverser cette dernière et triste saison de la vie : ou profiter des ressources mises de côté pendant la vie active, ou chercher des secours dans sa famille, ou bien enfin réclamer ceux de la bienfaisance publique. Tout homme de cœur préfère sans hésiter le premier de ces trois partis. Or, la *Société mutuelle de prévoyance pour la Retraite* le met à votre disposition. Usez-en donc avec empressement. *Prive-toi par amour de toi-même*, souvenez-vous de ces paroles de Franklin. Est-ce d'ailleurs une si lourde privation *qu'un sou par jour!* Avec quelle facilité souvent on le dépense, et qui ne voudrait le donner pour s'abriter sûrement dans sa vieillesse contre la misère !

Je l'ai dit déjà : Sous la seule condition d'une parfaite moralité, la porte de cette si utile Société est ouverte à tous, et ce qu'on lit au-dessus de cette porte, ce n'est pas l'inscription dantesque, le *Lasciate ogni speranza*, mais, au contraire, cette parole si rassurante : *Du pain pour vos vieux jours!*

Ceux-là seraient donc imprudents et aveugles qui ne profiteraient pas de ce bienfait que leur assure l'œuvre de la *Retraite !*

Ne tombez pas dans la faute commise par tant de vos aînés et si amèrement regrettée par ceux d'entre eux aujourd'hui arrivés à la vieillesse; ne dites point : « Je ne vivrai pas jusqu'à l'âge où s'obtient la Retraite, je n'atteindrai jamais 60 ans ! » Langage absurde ! Vous ne vivrez pas vieux, qu'en savez-vous ? La mort vous a-t-elle par privilége donné son heure, indiqué son jour ? Quelle déraison que de parler ainsi. Sachez donc que pour un grand nombre, et à moins de conditions morbifiques spéciales, mourir jeune ou vieux est presque un fait de la volonté. Ne criez pas au paradoxe, rien n'est plus vrai. Ecoutez ces paroles : « Nous avons un criterium infaillible pour juger de la réalité du progrès économique accompli au profit de la masse, c'est l'accroissement de la vie moyenne. Ce n'est là ni un de ces faits douteux, ni un de ces résultats médiocres qu'il soit permis de négliger. C'est un fait certain, et au point de vue économique, un résultat immense, qui suppose et résume tous les progrès. Or, la vie moyenne a augmenté d'une manière extraordinaire. *Depuis un peu plus de 60 ans, d'après des calculs statistiques..... la réduction de la mortalité proportionnellement à la population, se serait accrue de près d'un tiers* (1). »

« En 66 ans, de 1790 à 1856, dit un autre auteur (2), la société française a réussi à élever de près de *onze ans* la moyenne de la vie, gardons-nous bien de méconnaître ce progrès que l'illustre Laplace appelait justement le premier de tous. »

Depuis que ces faits si heureux ont été constatés, par l'alimentation meilleure, les logements plus salubres, une plus large distribution des soins médicaux, des conditions d'hygiène qui s'améliorent tous les jours, le niveau de la vie moyenne s'est encore élevé. Ne tenez donc pas, jeunes ouvriers rémois, ce langage déraisonable. Chaque jour, le nombre des chances pour devenir vieux augmente ; cela étant, et nulle de bonne foi ne peut le nier, rendez-vous donc ces chances favorables en vous préparant une retraite.

On dit souvent : Si jeunesse savait.... Eh bien ! maintenant, ouvriers rémois, vous ne pouvez plus arguer d'ignorance, vous savez. Laissez-moi donc croire qu'appelés à profiter de cette institution créée pour vous, vous en apprécierez les bienfaits et mettrez tous de suite votre honneur à vous les assurer.

C'est sur ce vœu et sur cette espérance, Messieurs, que je ferme ces pages.

CH. RICHARD.

Reims, 14 *Juin* 1876.

(1) H. Baudrillart. *La liberté du travail, l'association et la démocratie*, p. 378.
(2) V. Modeste. *Du Paupérisme en France*, p. 55.

ANNEXES

Mouvement du Personnel et du Capital de la Société de Retraite, depuis sa fondation jusqu'au 31 décembre 1875, et relevé des sommes touchées jusqu'à la même époque par les Pensionnés.

DATES		Sociétaires titulaires.	Sociétaires honoraires.	Pensionnés	Sommes versées aux Pensionnés.		CAPITAL	
1er Mai	1850	39	»	»	»		571	29
»	1851	80	37	»	»		2.636	80
»	1852	107	58	»	»		5.823	73
»	1853	154	77	»	»		10.002	33
»	1854	158	77	»	»		15.111	80
»	1855	167	75	»	»		20.725	90
(1er Mai 1855 au 31 Déc.)	1856	200	66	»	»		30.005	»
31 Déc.	1857	230	65	»	»		36.712	50
»	1858	264	64	»	»		45.942	05
»	1859	311	66	1	8	»	57.386	37
»	1860	376	63	2	219	»	74.085	77
»	1861	468	60	5	1.118	»	92.596	11
»	1862	556	56	5	1.980	50	116.114	74
»	1863	682	58	7	2.415	»	141.107	82
»	1864	765	61	10	3.549	55	168.542	52
»	1865	871	60	11	4.142	50	211.202	08
»	1866	960	62	15	5.391	55	243.847	77
»	1867	1006	65	19	6.255	75	275.730	38
»	1868	1049	63	20	7.228	75	314.504	66
»	1869	1100	67	24	7.616	25	350.484	41
»	1870	1122	67	25	9.061	60	384.693	58
»	1871	1136	62	31	10.183	50	417.472	77
»	1872	1167	59	35	11.636	85	461.105	73
»	1873	1193	57	41	14.597	»	496.092	08
»	1874	1192	52	46	15.759	»	533.442	07
»	1875	1202	46	51	16.842	50	568.409	87

Le total des sommes payées aux Pensionnés jusqu'au 31 décembre 1875 est de 118,005 fr, 30 c,

Analyse des principales dispositions des Statuts et du Règlement d'administration intérieure

STATUTS

Les femmes sont admises dans la Société à titre de Sociétaires titulaires et honoraires.

Le nombre des Membres de la Société est illimité.

Les Membres associés sont répartis par sections.

Pour être admis en qualité de membre titulaire, il faut avoir domicile à Reims, être âgé de 20 ans au moins, 60 ans au plus, et justifier de bonnes vie et mœurs. Les enfants ou le conjoint d'un sociétaire non résidant à Reims peuvent faire partie de la Société.

L'admission du titulaire est subordonnée au paiement d'un capital de dotation calculé d'après les données du tableau de progression suivant :

à 20 ans,	» »	à 34 ans,	406 40	à 48 ans,	1,413 55
21 »	18 90	35 »	452 »	49 »	1,532 85
22 »	39 »	36 »	500 10	50 »	1,661 25
23 »	60 35	37 »	551 40	51 »	1,802 45
24 »	83 05	38 »	606 90	52 »	1,955 »
25 »	107 15	39 »	665 35	53 »	2,119 95
26 »	131 70	40 »	727 75	54 »	2,302 40
27 »	158 90	41 »	794 40	55 »	2,500 15
28 »	188 05	42 »	865 60	56 »	2,716 25
29 »	218 85	43 »	944 70	57 »	2,956 30
30 »	251 95	44 »	1,023 05	58 »	3,218 70
31 »	286 90	45 »	1,114 65	59 »	3,512 95
32 »	324 10	46 »	1,204 85	60 »	3,836 70
33 »	364 15	47 »	1,304 60		

L'associé titulaire doit, en outre, payer la différence pour le nombre de jours écoulés depuis l'âge porté au tableau jusqu'au jour de son admission.

Le Conseil peut exiger le paiement immédiat de ce capital ou consentir des délais à l'expiration desquels, faute d'avoir rempli ses engagements, l'associé est réputé démissionnaire.

Le titulaire à qui un sursis de paiement est accordé, doit tenir compte des intérêts des sommes dues à partir du jour de l'admission et au taux de 5 0/0.

Tout associé titulaire s'engage de plus à payer jusqu'à 60 ans, la cotisation hebdomadaire de 40 centimes.

Si après 10 années d'exercice, un titulaire se trouve, à raison d'infirmités dûment constatées, tout à fait incapable de payer sa cotisation, le montant peut en être prélevé sur la somme à répartir en fin d'année, comme il est dit plus loin.

Celui qui consigne à la caisse de la Société une somme de 417 francs (dont l'intérêt à 5 0/0, soit 20 fr. 80, représente le montant de la cotisation annuelle) est dispensé de cette cotisation tant que dure ce dépôt.

Les membres honoraires ne sont pas assujettis à la condition de résidence. Le minimum de leur cotisation est fixé à 18 fr. 25 (un sou par jour).

Tout Membre honoraire en cas de revers de fortune, peut être admis à jouir des bénéfices attachés à la qualité de membre titulaire en se conformant aux dispositions plus haut énoncées, c'est-à-dire la condition de domicile à Reims, et le paiement du capital de dotation. Dans ce cas, il lui est tenu compte de ses versements annuels.

La Société est administrée par un Conseil composé de 9 membres formant le bureau, d'un représentant par section (1) et de tous les vérificateurs.

Le bureau se compose de :

Un président et deux vice-présidents ; un caissier et deux caissiers adjoints ; un secrétaire et deux vice-secrétaires. (Ces fonctions, ainsi que celles énumérées plus haut, sont gratuites.)

(Le Caissier étant en même temps le comptable de la So-

(1) Pour le service des collecteurs, la ville est actuellement divisée en quinze sections.

ciété, il lui est alloué, à ce dernier titre seulement, une indemnité annuelle de 200 fr. Cette indemnité est prélevée sur la Caisse de faux frais).

Les membres du bureau, exclusivement choisis parmi les associés titulaires, sont élus en assemblée générale, au scrutin secret et à la majorité des voix.

Les représentants de section ou conseillers et les vérificateurs sont nommés par le Conseil.

Les membres du bureau, les conseillers et les vérificateurs sont nommés pour trois années et renouvelés annuellement par 1/3 ; les deux premiers renouvellements se font par la voie du sort, les suivants à l'ancienneté ; les titulaires de ces différentes fonctions sont rééligibles.

Le président représente la Société dans les actions judiciaires qu'elle aurait à exercer, dans les actes à passer en vertu des délibérations du Conseil, et généralement en toutes circonstances.

Le Conseil est chargé de la direction morale et matérielle de la Société, de l'ensemble et des détails de son administration, mais l'Assemblée générale est seule compétente pour statuer sur les projets d'aliénation ou de transaction délibérés par lui.

Le Conseil se réunit tous les mois.

Les ressources de la Société se composent :

1° Des revenus des biens et valeurs lui appartenant.

2° Du capital de dotation versé par les associés titulaires, suivant l'âge auquel ils se font admettre.

3° Du produit des cotisations hebdomadaires.

4° Du produit des dons et legs.

5° Du produit des concerts, fêtes, ventes, etc., autorisés au profit de la Société.

6° Des secours ou subventions qui lui seraient accordés par la ville de Reims, le département de la Marne ou l'Etat.

Les capitaux et les excédants de recettes sont convertis en immeubles ou placés en valeurs françaises, rentes sur l'Etat, actions ou obligations. Jusqu'à leur placement définitif, les fonds disponibles sont déposés dans une des caisses publiques.

Une Commission de cinq membres choisis dans le Conseil et élus par lui se réunit un mois avant l'Assemblée générale pour vérifier les opérations de la comptabilité,

Sont répartis en fin d'année entre tous les associés titulaires, le produit des cotisations des membres honoraires, les bonifications qui peuvent être obtenues sur le produit des placements, les arrérages annuels résultant des libéralités acquises à la Société, et le produit des répartitions faites antérieurement au profit des Sociétaires radiés, démissionnaires ou décédés, défalcation faite de la dette de ces derniers s'ils en avaient une.

Le dividende de chaque répartition est inscrit sur le grand livre de la Société et sur le livret de chaque Sociétaire qui recevra la pension autant de jours avant 60 ans, qu'il aura de francs inscrits sur son livret.

Les membres de la Société se réunissent en Assemblée générale deux fois par année, en Juillet et en Janvier, sous la direction du bureau du Conseil administrateur.

Dans la réunion de Juillet, le Président fait l'exposé de la situation générale et présente le compte de l'année écoulée. Il proclame ensuite le nom des représentants de sections et des vérificateurs dont les fonctions sont expirées, ainsi que ceux des titulaires en exercice depuis le commencement de l'année. Dans la réunion de Janvier, l'Assemblée prend connaissance du budget de l'exercice qui va s'ouvrir, et procède au remplacement des membres du bureau dont le mandat est terminé. Les membres du bureau peuvent être réélus.

Les membres honoraires et les dames sociétaires peuvent prendre part aux opérations des Assemblées générales, mais avec voix consultative seulement.

En principe, tout membre qui cesse de faire partie de la Société par suite de démission ou d'autre cause, perd tous ses droits à l'association et ne peut exercer de répétitions, quant à ses versements antérieurs ; néanmoins, après sa soixantième année accomplie, il peut recevoir, à dater de sa demande, une rente annuelle calculée à raison de 5 fr. par chaque année pendant lesquelles il a fait partie de la Société comme membre titulaire.

Tout associé qui aura encouru une peine afflictive ou infamante est, par ce fait même, immédiatement exclu de la Société.

En cas de condamnation purement correctionnelle, la mesure d'exclusion est subordonnée à la décision de l'Assemblée générale. Toutefois, le pensionné qui serait frappé d'exclusion, continuerait à recevoir sa pension .

Le membre titulaire dont l'admission aurait été obtenue au moyen de fausses déclarations sur son nom, son âge ou son domicile, est éliminé de plein droit. Les sommes versées à son compte, quelle qu'en soit la quotité, restent acquises à la Société.

Le titulaire qui, postérieurement à son admission, quitterait la résidence de Reims, siége de la Société, peut continuer à faire partie de l'association et conserve tous ses droits.

Les statuts portent, en outre, en dispositions transitoires, que dans le cas où la rente des fonds de la Société et les cotisations ne suffiraient pas pour les pensions, ces dernières seraient payées au marc le franc jusqu'au moment où elles pourraient être acquittées dans leur entier. La Société, dans ce cas, devrait payer ce qui aurait été retenu aussitôt que cela lui deviendrait possible. En cas de décès du pensionné, les sommes retenues seraient versées entre les mains des ayants-droit.

RÈGLEMENT.

Les Sociétaires peuvent payer leurs cotisations par année et d'avance ; en cas de décès, les sommes versées par anticipation sont remises aux héritiers.

Le dépôt de 417 fr. pour l'exonération des cotisations, est remboursé par la Société lorsque le Sociétaire reçoit la pension. Si le Sociétaire vient à décéder, ou à être radié ou exclu de la Société avant l'âge de 60 ans, la somme consignée est remise dans le délai de trois mois aux ayants-droit. Le Sociétaire peut faire le retrait de son dépôt en prévenant le Conseil trois mois d'avance ; il doit payer ses cotisations à dater du jour de sa demande.

Tout Sociétaire est individuellement responsable des sommes qui lui sont confiées ; ainsi tout Sociétaire qui détournerait des sommes appartenant à la Société est exclu et poursuivi selon les formes indiquées par les lois pour en obtenir la restitution.

En cas de calamité publique, baisse générale de commerce ou de grande disette, le Président devra convoquer une Assemblée générale extraordinaire à l'effet d'arrêter temporairement, et à titre d'arrérage seulement, la perception des cotisations lorsqu'un quart des Sociétaires seront dans l'impossibilité de pouvoir s'acquitter de leurs cotisations.

La mise en dépôt et les achats de titres ou propriétés sont faits au nom et pour le compte de la Société. Le Président est le dépositaire des titres.

Les fonds disponibles sont déposés provisoirement à la Caisse d'épargne, chez le banquier de la Société ou à la Caisse des dépôts et consignations.

Toute demande en remboursement des sommes déposées

provisoirement dans une des caisses précitées, ainsi que le remboursement des obligations sorties dans un tirage, sont accompagnés d'un certificat signé du Président, du Caissier, du Secrétaire, de trois Conseillers, et revêtus du cachet de la Société constatant que lesdits remboursements ont été approuvés par le Conseil d'Administration.

Ainsi que je l'ai dit plus haut, le Conseil ne peut aliéner aucun titre ou propriété, sous quelque prétexte que ce soit, sans y avoir été préalablement autorisé par l'Assemblée générale.

Si la Société devient donataire ou légataire, les fonds provenant de dons ou legs sont convertis en capital inaliénable, afin de perpétuer la mémoire du donateur ; les intérêts seuls desdits fonds sont, chaque année, ajoutés au dividende pour être répartis comme je l'ai dit ailleurs.

Tout Sociétaire ayant droit à la pension, doit remettre au Conseil un acte qui justifie de ce droit. Si la date portée dans l'acte présenté n'était pas la même que celle donnée au moment de l'admission, le Conseil accorde la pension à l'époque la plus éloignée.

Il est retenu au pensionné, débiteur envers la Société, la somme de 50 centimes par jour jusqu'à son entière libération. Le pensionné reçoit sa pension par semaine, par mois, par trimestre ou par année, à sa volonté.

Un compte-rendu est dressé à la fin de chaque année, ce compte-rendu comprend :

1° Un chapitre des recettes.

2° Un chapitre des sommes dépensées.

3° La balance de ces deux chapitres.

4° Le tableau des capitaux et valeurs appartenant à la Société.

5° Le bilan.

6° La position et le mouvement de la Caisse de secours.

7° L'avoir du compte de dividende.

8° Le résumé de la caisse de faux frais (1).

______

(1) Les ressources de la caisse de faux frais se composent de la cotisation supplémentaire hebdomadaire de 5 centimes et de la vente des livrets aux Sociétaires. — Ses dépenses comprennent, nous l'avons d i

9° Le tableau de l'Administration de la Société.

10° Le nom des Sociétaires pensionnés, leur âge et leur domicile.

11° Le tableau des membres honoraires.

12° Le mouvement du personnel pendant l'année écoulée.

La Société alloue la somme de 50 fr. pour l'enterrement de chaque Sociétaire ; elle est payée à la famille du défunt sur la présentation de l'acquit des frais d'inhumation et sous déduction des cotisations en retard s'il en existe.

Chaque Sociétaire de la section du défunt reçoit un billet d'enterrement imprimé aux frais de la Société ; il en est mis 150 à la disposition de la famille. Si le Sociétaire défunt est marié ou laisse des enfants, les frais d'inhumation peuvent être au-dessous de la somme allouée et l'excédant leur est remis.

Dans le cas où les époux vivent séparés au moment du décès, les frais d'inhumation sont faits par les soins de l'Administration, et le survivant n'a droit à aucune remise sur la somme allouée.

Une députation composée de tous les membres résidant dans la section du défunt est commandée pour assister à son enterrement. Le conseiller de la section marche en tête de la députation ; en son absence, il est remplacé par le plus âgé des Sociétaires. — Tout Sociétaire désigné pour faire partie de la députation qui ne remplit pas cette obligation, subit une amende de 1 fr. au profit de la Caisse de secours. — Le Sociétaire peut se faire remplacer par un autre membre de la Société.

A chaque Assemblée générale, il est fait une quête dont le produit est versé à la Caisse de secours. Tous les Sociétaires sont obligés d'assister aux Assemblées générales à moins d'encourir une amende de 25 centimes. Ne sont dispensés que

ailleurs : 1° les frais d'inhumation ; 2° les honoraires des collecteurs ; 3° les appointements du comptable ; 4° la location de la salle de réunion du Conseil et de celle des Assemblées générales s'il y a lieu ; 5° les registres et impressions de toute nature ; 6° les frais de recouvrement ou d'impositions sur les valeurs ; 7° enfin, les autres dépenses imprévues et autorisées par l'Assemblée générale ou le Conseil.

les Sociétaires malades ou ceux en voyage et dont le départ est antérieur à la réception de la carte de convocation. L'amende est appliquée à qui ne répond pas au contre-appel fait à la fin de la séance.

Les ressources de la Caisse de secours se composent :

1° Du produit des quêtes faites aux Assemblées générales.

2° Du produit des amendes.

3° Des dons faits pour ce sujet.

Le Conseil est autorisé à disposer desdits fonds pour le paiement des cotisations des Sociétaires qu'il reconnaît nécessiteux.

Les pensionnés reçoivent le dividende dans la première quinzaine de Janvier, à moins qu'ils ne soient débiteurs envers la Société ; dans ce cas, il est porté en compte sur leur dette.

Lorsqu'une personne désire se faire admettre dans la Société, elle doit adresser sa demande écrite au Conseil ; ladite demande doit contenir ses nom, prénoms, profession et demeure, et le lieu de sa naissance. Les femmes mariées doivent joindre à leur demande l'autorisation de leur mari ou celle du Juge de paix de leur canton.

A son entrée, chaque Sociétaire reçoit un exemplaire des statuts et règlement de la Société, ainsi qu'un livret où sont inscrits sa dette et les versements par lui effectués, ainsi que les dividendes attribués.

Le Caissier ou un membre du Conseil délégué, signe sur ledit livret à chaque inscription.

Le prix du livret et de l'exemplaire des statuts et règlement est de 50 centimes.

Le Sociétaire qui vient à quitter la ville, ne cesse pas pour cela de faire partie de la Société ; mais dans ce cas, il est tenu de faire parvenir ses cotisations à ses frais. Dans le cas où il aurait droit à la pension, elle lui serait envoyée à ses risques et périls.

Il est accordé un délai de 6 mois à tout Sociétaire démissionnaire ou radié pour sa réintégration dans la Société, à condition qu'il paie comptant les cotisations échues depuis sa sortie. Cette disposition n'est applicable qu'une seule fois au même Sociétaire. Quiconque ne faisant plus partie de la Société depuis plus de six mois ou ayant déjà profité de la disposition que je viens d'énoncer, sollicite sa réadmission, est assimilé aux nouveaux entrants et soumis aux mêmes conditions qu'eux, seulement sur le montant de sa dette, il lui est tenu compte des sommes qu'il a précédemment versées à la Société tant en capital pour excédant d'âge qu'en cotisations.

Chaque sociétaire s'engage à remplir exactement toutes les conditions imposées par les statuts et règlement, et à perpétuer la fondation de la Société. Tout Sociétaire qui refuse de s'y conformer est considéré comme démissionnaire et rayé des contrôles.

Tels sont, Messieurs, dans leurs principales dispositions, les statuts et règlement d'administration intérieure de l'institution rémoise de *Prévoyance pour la Retraite*.

Placement des Fonds de la Société au 31 Décembre 1875

10,865 f.	1,090 rente 4 1|2 0|0, ayant coûté	23,061 70		
	800 » 3 0|0, »	16,506 25	201,275 65
	8,975 » 5 0|0, »	161,707 70	
17,205	1,755 rente sur 117 Obl. Nord. . . .	35,059 60	
	5,925 » 395 » Orléans . .	120,227 35	
	3,585 » 239 » Est.	71,797 65	356,334 65
	5,790 » 386 » Ardennes .	126,304 85	
	150 » 10 » Paris-Lyon	2,935 20	
425 f.	de rente sur 17 Oblig. comm. du Crédit foncier .	8,213 »
60	» Emprunt de la Ville de Reims	1,000 »
28,555 f.	de rente.	566,823 30
	En dépôt chez le Caissier. . . . 1,133 77	
	Arrérages de cotisations 452 80	1,586 57
		Fr. 568,409 87

Extrait du premier Règlement.

Art. 21. — Lorsque la somme en dépôt à la caisse d'épargne aura atteint le chiffre de 1,000 francs, le Président devra convoquer une réunion générale afin de décider quel établissement sera fondé pour l'emploi desdits fonds.

Art. 22. — A la formation de chaque établissement il sera nommé un Conseil d'administration et de surveillance composé de 5 membres, dont un au moins fera partie du Conseil de la Société.

Art. 23. — Le gérant de chaque établissement sera nommé par le Conseil de la Société, qui aura le droit de le révoquer sur la demande du Conseil de l'établissement. Le gérant ou autre employé sera toujours pris dans le sein de la Société.

Art. 24. — Chaque établissement aura son règlement spécial qui sera fait à sa fondation et selon son but.

Art. 25. — Au mois de Janvier de chaque année, on fera l'inventaire de chaque établissement. Après le paiement des honoraires du gérant, de la rente à 5 p. °/₀ des fonds appartenant à la Société, enfin de tous les frais résultant de la gestion, les bénéfices seront partagés de suite entre les Sociétaires, ainsi qu'il suit : 1° il sera prélevé une somme de vingt francs par chaque Sociétaire, pour être versée dans la caisse de la Société ; s'il arrivait que les bénéfices ne produisissent pas cette somme, elle serait reportée à l'année suivante ; 2° le reste sera partagé entre tous les Sociétaires ayant au moins un an d'existence dans la Société ; 3° les pensionnés ne seront pas admis au partage, mais ils seront dispensés de la cotisation.

Art. 26. — La part du partage du Sociétaire qui serait débiteur envers la Société viendra en déduction sur sa dette.

Loi de la mortalité en France, pour des têtes choisies, suivant
DEPARCIEUX

(Table relevée sur un livre d'assurances.)

Ages	VIVANTS	Ages	VIVANTS	Ages	VIVANTS	Ages	VIVANTS	Ages	VIVANTS
					14,763				6.217
0	1,359	20	814	40	657	60	463	80	118
1	1,092	21	806	41	650	61	450	81	101
2	1,043	22	798	42	643	62	437	82	85
3	1,000	23	790	43	636	63	423	83	71
4	970	24	782	44	629	64	409	84	59
5	948	25	774	45	622	65	395	85	48
6	930	26	766	46	615	66	380	86	38
7	915	27	758	47	607	67	364	87	29
8	902	28	750	48	599	68	347	88	22
9	890	29	742	49	590	69	329	89	16
10	880	30	734	50	581	70	310	90	11
11	872	31	726	51	571	71	291	91	7
12	866	32	718	52	560	72	271	92	4
13	860	33	710	53	549	73	251	93	2
14	854	34	702	54	538	74	231	94	1
15	848	35	694	55	526	75	211	95	0
16	842	36	686	56	514	76	192		
17	835	37	678	57	502	77	173		6.829
18	828	38	671	58	489	78	154		
19	821	39	664	59	476	79	136		
			14.763		26.317		6.217		

Soit 259 Rentiers sur 1,000 payants.

Table de **DEPARCIEUX**, *calculée sur 10,000 naissances.*

(Trouvée dans les papiers de **LESAGE**)

Ages	Morts	VIVANTS
1	2.135	7.865
2	543	7.322
3	262	7,060
4	211	6.849
5	156	6.693
6	127	6.566
7	106	6.460
8	90	6.370
9	85	6.285
10	70	6.215
11	57	6.158
12	42	6.116
13	43	6.074
14	43	6.031
15	43	6.989
16	43	5.946
17	49	5.897
18	50	5.847
19	49	5.708
		122.541
20	49	5.749
21	59	5.690
22	57	5.633
23	56	5,577
24	57	5.520
25	56	5.464
26	57	5.407
27	56	5.351
28	57	5.294
29	56	5.238
30	57	5.181
31	56	5.125
32	57	5.068
33	56	5.012
34	57	4.955
		80.264

Ages	Morts	VIVANTS
		80.264
35	56	4.899
36	57	4.842
37	56	4.786
38	57	4.729
39	49	4.680
40	40	4.640
41	50	4.590
42	49	4.541
43	49	4.492
44	50	4.442
45	50	4.392
46	48	4.344
47	57	4.287
48	57	4.230
49	64	4.166
50	63	4.103
51	71	4.032
52	77	3.955
53	68	3.887
54	108	3.779
55	64	3.715
56	85	3.630
57	85	3.545
58	92	3.453
59	91	3.362
		185.785
60	92	3.270
61	92	3.178
62	92	3.086
63	92	2.987
64	99	2.888
65	98	2.790
66	106	2.684
67	113	2.571
		23.454

Ages	Morts	VIVANTS
		23.454
68	120	2.451
69	129	2.322
70	134	2.188
71	134	2.054
72	141	1.913
73	148	1.765
74	134	1.631
75	140	1.491
76	135	1.356
77	134	1.222
78	134	1.088
79	128	960
80	127	833
81	120	713
82	113	600
83	98	502
84	86	416
85	77	339
86	71	268
87	63	205
88	50	155
89	20	135
90	57	78
91	29	49
92	17	32
93	8	24
94	6	18
95	5	13
96	4	9
97	2	7
98	3	4
99	1	3
100	1	2
101	1	1
102	1	0
		48.301

Soit 259 Rentiers pour 1,000 payants.

Table **LESAGE** *basée sur la moyenne entre la table de* DEPARCIEUX *et celle de* DUVILLARD.

Ages	Vivants	Morts	Ages	Vivants	Morts	Ages	Vivants	Morts	Ages	Vivants	Morts
18	1.000	10		16.726						6.268	
19	990	10	39	767	11	60	487	17	81	89	15
	—	—	40	756	11	61	470	17	82	74	13
20	980	10	41	745	11	62	453	17	83	61	11
21	970	11	42	734	11	63	436	18	84	50	10
22	959	11	43	723	11	64	418	18	85	40	8
23	948	11	44	712	12	65	400	18	86	32	7
24	937	11	45	700	11	66	382	19	87	25	6
25	926	11	46	689	11	67	363	20	88	19	5
26	915	11	47	678	12	68	343	21	89	14	4
27	904	12	48	666	13	69	322	21	90	10	3
28	892	11	49	653	13	70	301	21	91	7	2
29	881	11	50	640	14	71	280	21	92	5	1
30	869	12	51	626	14	72	259	21	93	4	1
31	858	11	52	612	14	73	238	21	94	3	1
32	847	12	53	598	15	74	217	20	95	2	1
33	835	11	54	583	15	75	197	20	96	1	1
34	824	12	55	568	15	76	177	19			
35	812	11	56	553	16	77	168	18		6.704	
36	801	11	57	537	16	78	140	18			
37	790	12	58	521	17	79	122	17			
38	778	11	59	504	17	80	105	16			
	16.726			30.291			6.268				

Soit **221** Rentiers pour **1,000** payants.

Loi de la Mortalité en France d'après **DUVILLARD**

(Table prise sur un livret d'assurances)

Âges	VIVANTS	Âges	VIVANTS	Âges	VIVANTS	Âges	VIVANTS
0	1.000.000		3.386.889		13.853.774		2.546.622
1	767.525	27	458.282	56	248.782	82	23.680
2	671.834	28	451.635	57	240.214	83	19.106
3	624.668	29	444.932	58	231.488	84	15.175
4	598.713	30	438.183	59	222.605	85	11.886
5	583.151	31	431.398			86	9.224
6	573.025	32	424.583		14.796.863	87	7.165
7	565.838	33	417.744			88	5.670
8	560.245	34	410.886	60	213.567	89	4.686
9	555.486	35	404.012	61	204.380	90	3.830
10	551.122	36	397.123	62	195.054	91	3.094
11	546.888	37	390.219	63	185.601	92	2.466
12	542.630	38	383.300	64	176.035	93	1.938
13	538.255	39	376.363	65	166.378	94	1.409
14	533.711	40	369.404	66	156.651	95	1.140
15	528.969	41	362.419	67	146.882	96	850
16	524.020	42	355.400	68	137.102	97	621
17	518.863	43	348.342	69	127.347	98	442
18	513.502	44	341.235	70	117.656	99	307
19	507.949	45	334.072	71	108.070	100	207
		46	326.843	72	98.637	101	135
	11.806.394	47	319.539	73	89.404	102	84
		48	312.148	74	80.423	103	51
20	502.216	49	304.662	75	71.745	104	29
21	496.317	50	297.070	76	63.424	105	16
22	490.267	51	289.361	77	55.511	106	8
23	484.083	52	281.527	78	48.057	107	4
24	477.777	53	273.560	79	41.107	108	2
25	471.366	54	265.450	80	34.705	109	1
26	464.863	55	257.193	81	28.886	110	0
	3.386.889		13.853.774		2.546.622		2.659.938

Soit 179 Rentiers pour 1,000 Sociétaires payants.

Extrait du discours prononcé par M. le Maire de Reims,
au Banquet du 26 novembre 1876

« La Maison de Retraite est la réalisation d'une pensée généreuse se rattachant à celle qui a présidé à la création de la Société de Prévoyance. Lorsque l'ouvrier sexagénaire est en possession de sa pension, s'il est dépourvu de famille, s'il a besoin de soins, d'une nourriture plus soignée, d'une installation plus confortable, il tourne naturellement ses regards vers ce grand et bel établissement, l'honneur de notre ville. Mais le chiffre de sa retraite n'est que de 365 fr. ; et il en faut 400 pour ouvrir les portes de la maison municipale. Il y a là un écart de 35 fr. qui, pour quelques-uns, est infranchissable, et qui parfois pourrait fermer au plus digne et au plus intéressant travailleur cet hôtel des invalides du travail. Nous avons voulu lever cet obstacle et ouvrir aux plus méritants ce grand et bel asile de la vieillesse. Le Conseil municipal a, dans sa séance d'hier, décidé qu'un crédit de 500 francs serait ouvert au budget de la commune, en vue de fournir le supplément de pension nécessaire aux membres de la Société mutuelle de Prévoyance pour la Retraite qui seraient hors d'état de compléter sur leurs propres ressources le chiffre réglementaire de la pension.

» Pour obtenir le bénéfice de cette allocation, celui qui en aura besoin ne sera pas tenu de la solliciter lui-même. Nous entendons sauvegarder la légitime fierté de citoyens qui n'ont jamais rien demandé qu'à leur travail. C'est le Conseil d'administration de la Société qui se chargerait de formuler la demande, et, de cette façon, la susceptibilité la plus ombrageuse pourrait accepter des représentants de la ville une aide qui serait la récompense et la consécration d'une vie honorablement remplie. »

ERRATA

Page 8, ligne 26, *le nombre de ses adhérents* au lieu de *le nombre des adhérents.*

Page 12, ligne 10, *le service de pensions* au lieu de *le service de pension.*

Page 12, ligne 22, *qu'il a donnée* au lieu de *qu'il a donné.*

Page 16, ligne 12, 150 au lieu de 155.

Page 19, ligne 2, *chaque jour* au lieu de *toujours.*

Page 25, ligne 8, *de tous ces matériaux* au lieu de *de ces matériaux.*

Page 25, ligne 29, *annexes page 61* au lieu de *annexes page 486.*

Page 25, note 1, *pages 62 et 59* au lieu de *pages 487 et 485.*

Page 28, ligne 23, *encaisse social* au lieu de *encaisse sociale.*

Page 37, ligne 27, 350,184 fr. 11 au lieu de 351,184 fr. 11.

Page 38, ligne 27, *pour eux versée* au lieu de *par eux versée.*

Page 45, ligne 22, *déraisonnable* au lieu de *déraisonable.*

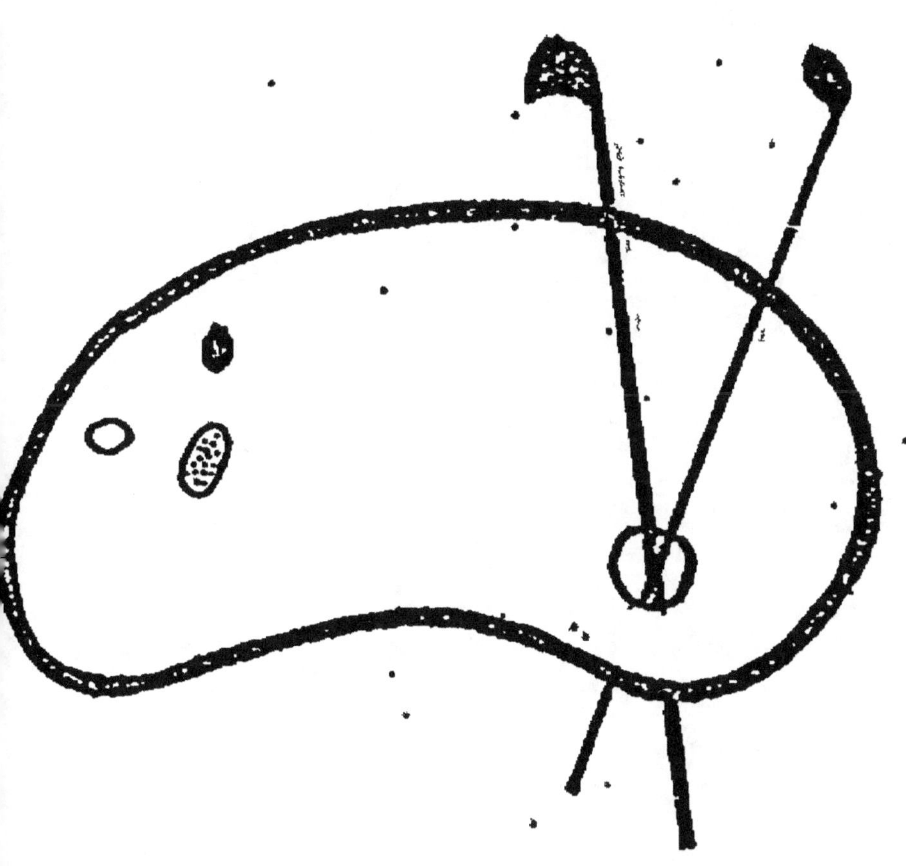

ORIGINAL EN COULEUR

NF Z 43-120-8